Obra Completa de C.G. Jung
Volume 11/2

Interpretação psicológica do Dogma da Trindade

Comissão responsável pela organização do lançamento da
Obra Completa de C.G. Jung em português:
Dr. Léon Bonaventure
Dr. Leonardo Boff
Dora Mariana Ribeiro Ferreira da Silva
Dra. Jette Bonaventure

A comissão responsável pela tradução da Obra Completa de C.G. Jung sente-se honrada em expressar seu agradecimento à Fundação Pro Helvetia, de Zurique, pelo apoio recebido.

Dados Internacionais de Catalogação na Publicação (CIP)
(Câmara Brasileira do Livro, SP, Brasil)

Jung, Carl Gustav, 1875-1961.
    Interpretação psicológica do Dogma da Trindade / C.G. Jung; tradução de Mateus Ramalho Rocha. – 10. ed. – Petrópolis, RJ: Vozes, 2013.
    Título original: Zur Psychologie westlicher und östlicher Religion
    Bibliografia.

    11ª reimpressão, 2020.

    ISBN 978-85-326-1309-7
    1. Psicologia religiosa 2. Simbolismo (Psicologia) 3. Trindade - Aspectos psicológicos I. Título.

07-0655   CDD-231.044019

Índices para catálogo sistemático:
I. Santíssima Trindade: Interpretação psicológica: Religião 231.044019

C.G. Jung

Interpretação psicológica do Dogma da Trindade
11/2

EDITORA VOZES

Petrópolis

© 1971, Walter Verlag, AG, Olten

Título do original em alemão: *Zur Psychologie westlicher und östlicher Religion* (Band 11)
Parte II *Versuch einer psychologischen Deutung des Trinitätsdogmas.*

Editores da edição suíça:
Marianne Niehus-Jung
Dra. Lena Hurwitz-Eisner
Dr. Med. Franz Riklin
Lilly Jung-Merker
Dra. Fil. Elisabeth Rüf

Direitos de publicação em língua portuguesa:
1979, Editora Vozes Ltda.
Rua Frei Luís, 100
25689-900 Petrópolis, RJ
www.vozes.com.br
Brasil

Todos os direitos reservados. Nenhuma parte desta obra poderá ser reproduzida ou transmitida por qualquer forma e/ou quaisquer meios (eletrônico ou mecânico, incluindo fotocópia e gravação) ou arquivada em qualquer sistema ou banco de dados sem permissão escrita da editora.

CONSELHO EDITORIAL

Diretor
Gilberto Gonçalves Garcia

Editores
Aline dos Santos Carneiro
Edrian Josué Pasini
Marilac Loraine Oleniki
Welder Lancieri Marchini

Conselheiros
Francisco Morás
Ludovico Garmus
Teobaldo Heidemann
Volney J. Berkenbrock

Secretário executivo
João Batista Kreuch

Tradução: Dom Mateus Ramalho Rocha, OSB
Revisão literária: Dora Mariana Ribeiro Ferreira da Silva

Diagramação: AG.SR Desenv. Gráfico
Capa: 2 estúdio gráfico

ISBN 978-85-326-2424-6 (Obra Completa de C.G. Jung)

ISBN 978-85-326-1309-7 (Brasil)
ISBN 3-530-40711-9 (Suíça)

Editado conforme o novo acordo ortográfico.

Este livro foi composto e impresso pela Editora Vozes Ltda.

Sumário

Prefácio da edição alemã, 7

Nota preliminar, 11

I. Paralelos pré-cristãos da ideia da Trindade, 15
 1. Babilônia, 15
 2. Egito, 18
 3. Grécia, 21

II. Pai, Filho e Espírito, 34

III. Os símbolos, 43
 1. O símbolo apostólico, 46
 2. O Símbolo de Gregório, o Taumaturgo, 47
 3. O Niceno, 48
 4. Niceno-constantinopolitano, o atanasiano e o lateranense, 49

IV. Análise psicológica da Trindade, 53
 1. A hipótese do arquétipo, 53
 2. Cristo como arquétipo, 57
 3. O Espírito Santo, 63

V. O problema do quarto componente, 71
 1. A ideia de uma quaternidade, 71
 2. A psicologia da quaternidade, 88
 3. Considerações gerais sobre a simbólica, 96

VI. Reflexões finais, 103

Referências, 113

Índice analítico, 117

Prefácio da edição alemã

A problemática religiosa ocupa um lugar central na obra de C.G. Jung. Quase todos os seus escritos, especialmente os dos últimos anos, tratam do fenômeno religioso. O que Jung entende por religião não se vincula a determinadas confissões. Trata-se, como ele próprio diz, de "uma observação acurada e conscienciosa daquilo que Rudolf Otto chamou de *numinosum*. Esta definição vale para todas as formas de religião, inclusive para as primitivas, e corresponde à atitude respeitosa e tolerante de Jung em relação às religiões não cristãs.

O maior mérito de Jung é o de haver reconhecido, como conteúdos arquétipos da alma humana, as representações primordiais coletivas que estão na base das diversas formas de religião.

O homem moderno sente, cada vez mais, falta de apoio nas confissões religiosas tradicionais. Reina atualmente uma grande incerteza no tocante a assuntos religiosos. A nova perspectiva desenvolvida por Jung permite-nos uma compreensão mais profunda dos valores tradicionais e confere um novo sentido às formas cristalizadas e esclerosadas.

Em *Psicologia e religião* Jung se utiliza de uma série de sonhos de um homem moderno, para nos revelar a função exercida pela psique inconsciente, e que lembra a alquimia. No trabalho sobre o "Dogma da Trindade", mostra-nos determinadas semelhanças da teologia régia do Egito, assim como das representações babilônicas e gregas, com o cristianismo, e no estudo sobre o ordinário da missa usa ritos astecas e textos dos alquimistas como termos de comparação.

Na *Resposta a Jó* se ocupa, comovido e apaixonado, ao mesmo tempo, da imagem ambivalente de Deus, cuja metamorfose na alma humana pede uma interpretação psicológica.

Baseando-se no fato de que muitas neuroses têm um condicionamento religioso, Jung ressalta nos ensaios sobre "A relação entre a psicoterapia e a pastoral" e "Psicanálise e pastoral" a necessidade da colaboração entre a psicologia e a teologia.

A segunda parte do volume reúne, sobretudo, os comentários e prefácios a escritos religiosos do Oriente. Estes trabalhos mostram-nos, em essência, os confrontos e comparações entre os modos e formas de expressão do Oriente e do Ocidente.

O prefácio ao I Ching, livro sapiencial e oracular chinês, proveniente de tempos míticos imemoriais, também foi incorporado ao presente volume. Tendo em vista que um oráculo sempre tem alguma relação com o maravilhoso, o numinoso, e como, de acordo com a antiga tradição, os ensinamentos das sentenças oraculares do I Ching devem ser consideradas "acurada e conscienciosamente", é fácil perceber sua relação íntima com o religioso. O prefácio em questão é importante no conjunto da obra de Jung, por tratar da natureza e da validade do oráculo em si, tocando assim a região dos acasos significativos que devem ser interpretados não somente à luz do princípio da causalidade, mas também segundo o princípio derivado da sincronicidade.

O volume vem acrescido de um apêndice, que não figura na edição inglesa*. Trata-se, no caso, de escritos em que Jung responde de maneira um tanto pessoal a perguntas a respeito de problemas religiosos, contribuindo, deste modo, para um ulterior esclarecimento dos temas tratados na parte principal do volume.

Numa entrevista dada à televisão inglesa, ao lhe perguntarem se acreditava em Deus, Jung respondeu: "I do not believe, I know". Esta curta frase desencadeou uma avalanche de perguntas, de tal proporção, que ele foi obrigado a manifestar-se a respeito, numa carta dirigida ao jornal inglês de rádio e televisão *The Listener*. É digno de nota que o entomologista Jean-Henri Fabre (1823-1915) exprimira sua convicção religiosa em termos quase idênticos: "Não acredito em Deus: eu o *vejo*". Tanto Jung como Fabre adquiriram tal certeza no trato com a natureza: Fabre, com a natureza dos instintos, observando o mundo dos insetos; Jung, no trato com a natureza psíquica do homem, observando e sentindo as manifestações do inconsciente.

---

* Na edição portuguesa, constará do volume 11 completo.

A seleção dos textos deste volume segue a do tomo correspondente aos *Collected Works,* Bollingen Series XX, Pantheon, Nova York, e Routledge & Kegan Paul Ltd., Londres. Também a paragrafação contínua é, com exceção do apêndice, a do referido volume.

Apresentamos aqui nossos calorosos e sinceros agradecimentos à Sra. Aniela Jaffé, por seu auxílio no tocante a muitas questões, à Sra. Dra. Marie-Louise v. Franz por sua ajuda no controle das citações gregas e latinas, e à Sra. Elisabeth Riklin pela elaboração do Índice.

Abril de 1963.

Nota preliminar

Esta pesquisa é o resultado de uma conferência que fiz na assembleia da Eranos em 1940, publicada sob o título de *Zur Psychologie der Trinitätsidee* (A respeito da psicologia da ideia da Trindade), constituindo nessa primeira forma um esboço de cuja necessidade de correção eu tinha plena consciência. Por esta razão eu me senti como que na obrigação moral de voltar a esse tema, para dar-lhe um tratamento mais condigno à sua importância e valor.

Uma série de reações mostrou-me que meus leitores às vezes se chocam com a discussão psicológica dos símbolos cristãos, mesmo quando esta discussão evita cuidadosamente tocar, de um modo ou de outro, em seu valor religioso. Meus críticos talvez teriam muito pouco a objetar contra o tratamento psicológico dos símbolos budistas, cuja santidade também é indiscutível. Mas neste caso não pode haver dois pesos e duas medidas. Por outro lado, eu me pergunto se não seria muito mais perigoso para os símbolos cristãos se fossem subtraídos ao âmbito da compreensão reflexiva e colocados numa esfera inacessível ao entendimento humano. Infelizmente isto acontece frequentemente de modo que seu caráter irracional se transforma em ilogicidade chocante. A fé é um carisma que não é concedido a todos. Em compensação, o homem é dono de uma capacidade de pensar que pode se exercer sobre as coisas mais excelsas. Principalmente a atitude de Paulo, e de uma série de veneráveis mestres da Igreja, em relação ao modo de pensar acerca do mundo dos símbolos, não é o de uma defesa medrosa, como a de certos autores modernos. Tal temor e preocupação relativamente aos símbolos cristãos não constituem um bom sinal. Se esses símbolos representam uma verdade superior, da qual meus críticos provavelmente não duvidam, então uma ciência que procurasse aproximar-se de sua compreensão às apalpadelas, comportando-se imprudentemente, só poderia ser ridicularizada. Além disso, eu jamais tive a pretensão de enfraquecer o significado dos símbolos; pelo contrário, se deles me ocupei foi por estar convencido de seu valor psicológico. O homem que apenas crê e não procura refletir esquece-se de que é *alguém* constantemente exposto à *dúvida*, seu mais íntimo inimigo, pois onde a fé domina, ali também a dúvida está sempre à espreita. Para o homem que pensa, porém, a dúvida é sempre bem recebida, pois ela lhe serve de preciosíssimo degrau para um conhecimento mais perfeito e mais seguro. As pessoas que são capazes de crer deveriam ser mais tolerantes para seus semelhantes, que só sabem pensar. A fé, evidentemente, antecipa-se na chegada ao cume que o pensamento procura atingir mediante uma cansativa ascensão. O crente não deve projetar a dúvida, seu inimigo habitual, naqueles que refletem sobre o conteúdo da doutrina, atribuindo-lhes intenções demolidoras. Se os antigos não tivessem refletido, não teríamos hoje o dogma trinitário. O caráter vivo e permanente do dogma indica-nos que, se de um lado ele é aceito pela fé, do outro, também pode ser objeto de reflexão. Por isso deveria ser motivo de alegria para o crente a circunstância de que outros procurassem subir ao monte onde ele já se acha instalado.

171   O fato de eu tomar justamente o mais sagrado dos símbolos, isto é, o Dogma da Trindade, como objeto de uma investigação psicológica, constitui um empreendimento cujos riscos estou plenamente consciente. Não disponho de um conhecimento teológico notável e, por isto, sob este ponto de vista, devo basear-me em exposições gerais, acessíveis a qualquer leigo. Entretanto, como não alimento a menor pretensão de me aprofundar na metafísica da Trindade, devo contentar-me, quanto ao essencial, com a fórmula dogmática fixada pela Igreja, sem, no entanto, ver-me obrigado a discutir todas as complexas especulações metafísicas que a história reuniu em torno desse dogma. Para a nossa indagação psicológica basta a versão mais extensa que encontramos no símbolo dito "Athanasianum" ["Símbolo de Santo Atanásio"]. Esta profissão de fé mostra-nos com suficiente clareza o que a doutrina da Igreja entende por Trindade. Algumas pesquisas históricas mostraram-se, entretanto, insuficientes para uma compreensão psicológica. O objetivo principal de meu trabalho é fazer uma exposição detalhada daqueles pontos de vista psicológicos

que me parecem indispensáveis para uma compreensão do dogma enquanto símbolo, no sentido psicológico. Seria errôneo interpretar o meu propósito como uma tentativa de reduzir o dogma a um psicologismo. Símbolos que se apoiam em uma base arquetípica não podem ser reduzidos a qualquer outra coisa, fato este bastante conhecido por aqueles que possuem um mínimo de conhecimento a respeito de minhas teorias psicológicas. A muitos poderá parecer estranho que um médico orientado, como eu, para as ciências físicas e naturais, ocupe-se precisamente com o estudo do Dogma da Trindade. Mas aqueles que sabem como essas "representações coletivas" acham-se em estreita e significativa relação com o destino da alma humana, não terão dificuldade em compreender que o símbolo central do Cristianismo possui, necessariamente, uma significação psicológica; sem esta significação, jamais haveria alcançado um sentido universal, mas teria desaparecido há muito sob a poeira da grande sala de exposição de abortivos espirituais, e estaria participando da sorte dos deuses de muitos braços da Índia e da Grécia. Mas como o dogma se acha numa vivíssima osmose com a alma humana, da qual se originou, exprime uma infinidade de coisas que me esforço por reproduzir, embora com a sensação embaraçosa de que minha tradução precisa ainda ser bastante melhorada em muitas de suas passagens.

I
Paralelos pré-cristãos da ideia da Trindade

1. Babilônia

Se me disponho a tratar da Trindade, símbolo central da fé cristã, numa perspectiva psicológica, faço-o com a plena consciência de estar trilhando um terreno aparentemente muito afastado das preocupações do psicólogo. Minha opinião é que as religiões se acham tão próximas da alma humana, com tudo quanto elas são e exprimem, que a psicologia de maneira alguma pode ignorá-las. Uma ideia como a da Trindade pertence de tal modo ao campo da Teologia, que entre as ciências profanas é a História a que mais se volta para ela, atualmente. Chegou-se ao ponto de não pensar mais no dogma, especialmente em relação a um conceito tão abstrato como o da Trindade. A rigor existem apenas alguns cristãos – para não falarmos do público instruído, em geral – que se dedicam a refletir, com seriedade e dentro da linha do próprio dogma, acerca desse conceito, considerando-o como objeto possível de análise. Uma exceção recente é a que encontramos na significativa obra do Georg Köpgen, *Die Gnosis des Christentums*[1] que, apesar do *placet* (aprovado) episcopal, infelizmente logo foi parar no Index. O estudo de Köpgen constitui para todos os que se preocupam em compreender os conceitos dogmáticos um oportuno ensinamento de ordem prática no campo da reflexão acerca do simbolismo trinitário.

No estágio primitivo do pensamento humano já aparecem *tríades divinas*. Existe um sem-número de tríades arcaicas nas religiões

---

1. Salzburgo, 1939.

antigas e exóticas, que não preciso mencionar aqui. A organização em tríades é um arquétipo que surge na história das religiões e que provavelmente inspirou, originariamente, a ideia da Trindade cristã. Mais precisamente: estas tríades muitas vezes não consistem em três pessoas divinas, diferentes e independentes entre si; o que se observa é uma acentuada tendência a fazer prevalecer certas relações de parentesco no interior da tríade. Sirvam-nos de exemplo as tríades babilônicas, das quais a mais importante é a de Anu, Bel e Ea. Ea, a personificação do saber, é o *pai* de Bel (o "Senhor"), que personifica a atividade prática[2]. Uma tríade secundária e de época um pouco posterior é a de Sin (a Lua), Shamash (o Sol) e Adad (a Tempestade). Nessa tríade, Adad é filho do Altíssimo, Anu[3]. Na época de Nabucodonosor, Adad é o "Senhor do Céu e da Terra". Esta indicação da existência de uma relação entre pai e filho aparece ainda mais claramente no período de Hamurábi: Marduk, filho de Ea, é revestido do poder que pertencia a Bel[4], fazendo com que este passasse para o segundo plano. Ea é um "pai amoroso e orgulhoso, que transfere espontaneamente seu poder e seus direitos para o filho".[5] Originariamente, Marduk é um deus solar, que tem o cognome de "Senhor" (Bel).[6] É uma espécie de *mediator* (mediador) entre seu pai Ea e a humanidade. Ea declara que não sabe nada que seu filho Marduk também não saiba[7]. Marduk é, como no-lo mostra sua luta contra Tiamat, um salvador. É "o Misericordioso que se compraz em ressuscitar os mortos, o dono das orelhas grandes", que escuta as súplicas dos homens. É um auxiliador e terapeuta, um verdadeiro salvador. Esta soteriologia se conservou em solo babilônico, até bem depois do aparecimento do Cristianismo. Sobrevive ainda na religião dos mandeus (na região da Mesopotâmia atual), especialmente em Mandâ d'hajjê ou Hibil Zivâ, sua figura de salvador[8]. Este deus aparece, em sua qua-

---

2. Cf. JASTROW, M. *Die Religion Babyloniens und Assyriens*. 1905, I, p. 61.
3. Op. cit., p. 102, 1435.
4. Ibid., p. 112.
5. Ibid.., p. 130.
6. Ibid., p. 112.
7. Ibid., p. 130. Cf. Jo 16,15.
8. JEREMIAS, A. *Das alte Testament im Lichte des alten Orients*. 1906, I, p. 124.

lidade de portador da luz, entre os maniqueus, e também na qualidade de *Criador do mundo*[9]. Assim, na versão babilônica, é Marduk quem forma o universo, utilizando-se de Tiamat, mas para *Manes* esta função cabe ao homem primordial, que forma o céu e a terra com a pele, os ossos e os excrementos dos filhos das trevas[10]. "É surpreendente como o mito de Marduk influenciou profundamente as concepções religiosas dos israelitas[11].

Parece que Hamurábi só venera uma díade: Anu e Bel, mas ele próprio se associa a eles na qualidade de soberano divino, ou seja, como o "mensageiro de Anu e de Bel"[12], e isto precisamente numa época em que o culto de Marduk seguia aceleradamente para o seu apogeu. Hamurábi considera-se como o deus de um novo *éon*[13], isto é, o éon da idade de Áries que então se iniciava, e é justificada a suspeita de que houve então uma tríade Anu – Bel – Hamurábi, pelo menos como *sousentendue* (subentendida)[14].

A existência de uma tríade secundária: Sin-Shamash-Ishtar parece indicar a presença de uma terceira relação intratriádica. Ishtar surge aqui no lugar de Adad, o deus da Tempestade[15]. É a *mãe* dos deuses mas, ao mesmo tempo, a *filha*[16] tanto de Anu como de Sin.

A invocação da antiga grande tríade não tarda a assumir um *caráter* de mera *fórmula*. A tríade aparece "mais como um dogma teológico, do que como força viva"[17]. Trata-se, na realidade, das mais anti-

---

9. Cf. Jo 1,8.
10. KESSLER. *Mani*, 1889, p. 267ss.
11. ROSCHER. *Lexikon*, II, 2, col. 2.371s., sob o verbete "Marduk".
12. Jastrow, M. *Die Religion Babyloniens und Assyriens*, 1905, I, p. 139. Cf. Jo 1,18.
13. Comparar com o simbolismo cristão do peixe.
14. "Anu and Bel called me, Hammurabi, the exalted prince the worshipper of the Gods, to go forth like the Sun... to enlighten the land" (Anu e Bel me chamaram, a mim, Hamurábi, o príncipe glorificado, o adorador dos deuses, para avançar como o Sol... para iluminar a terra): HARPER, R.F. *The Code of Hammurabi*, 1904, p. 3.
15. Cf. a invocação do Espírito Santo como "mãe nos *atos de Tomé* (Em hennecke, *Neutestamentliche Apokryphen*, 1942, p. 266). A Sofia que muitas vezes representa o Espírito Santo, é também do gênero feminino.
16. Cf., a este respeito, Maria como criatura e como Θεοτόχος (Mãe de Deus).
17. JASTROW. Op. cit., p. 141.

gas tentativas de formulação teológica de que se tem notícia. Anu é o senhor do céu; Bel é o senhor das regiões inferiores, isto é, daqui da terra; Ea é também um deus das regiões inferiores, ou mais propriamente das profundezas, principalmente das águas[18]. O saber personificado por Ea provém, por conseguinte, das "profundezas das águas". Segundo a saga babilônica, Ea teria criado Udduschunamir, o *ser luminoso*, o *mensageiro divino* na viagem de Ishtar ao seio do inferno. O seu nome significa: "Sua luz (ou seu aparecimento) brilha"[19]. Jeremias relaciona-o a Gilgamesh, que é mais do que um herói semidivino[20]. O mensageiro dos deuses em geral se chama Girru (em sumérico: Gibiu), o deus do *fogo*. Nesta qualidade, tem um caráter ético, por extinguir o mal com seu fogo purificador. É também filho de Ea, embora seja considerado também como filho de Anu. Nesse contexto devemos lembrar que em Marduk há uma dupla natureza manifesta num certo hino onde ele aparece com o nome de "mar mummi": *filho do Caos*. Nesse mesmo hino sua companheira Sarpânitu é invocada, juntamente com a mulher de Ea, a mãe de Marduk, como "aquela que tem o brilho da prata", expressão que nos lembra Vênus, a "femina alba" (a mulher alva). Na alquimia o *albedo* se transfere para a Lua, que na Babilônia é do gênero masculino[21]. Os companheiros de Marduk são *quatro cachorros*[22]. Parece que o número quatro significa aqui a totalidade, como os quatro filhos de Hórus, os quatro serafins da visão de Ezequiel e o símbolo dos quatro evangelistas, que constam de três animais e um anjo.

2. Egito

177   O que existia apenas como indicação na tradição babilônica, desenvolveu-se claramente no Egito. Exprimir-me-ei de modo resumi-

---

18. Op. cit., p. 61.
19. Op. cit., p. 133.
20. Jeremias. Op. cit., p. 265s.
21. A respeito, cf. as relações entre Maria e a Lua. Em: RAHNER, H. *Griechische Mythen in cristlicher Deutung*, 1945, p. 200s.; e *Mysterium Lunae*, 1940, p. 80.
22. Uma possível relação com o reino dos mortos, de um lado, e com Nimrod, o grande caçador, do outro. Cf. em ROSCHER. *Lexikon*. II, col. 2.371, sob o verbete "Marduk".

do no tocante a este ponto, uma vez que desenvolvo amplamente o tema dos protótipos egípcios da Trindade num outro contexto, numa pesquisa ainda incompleta acerca dos fundamentos históricos e simbólicos da alquimia[23]. Quero apenas acentuar aqui o fato da teologia egípcia exprimir, antes de tudo, uma certa *unidade de essência* (homoousia) entre o deus como o pai e o deus como filho (este último representado na pessoa do rei)[24]. Como terceiro elemento há o Ka-mutef (o "touro de sua mãe"), que outro não é senão o Ka, a força procriadora do deus. É nela e por meio dela que o pai e o filho se acham unidos, não numa tríade, mas numa espécie de *trindade*. Ou melhor, uma vez que o Ka-mutef constitui uma forma especial do Ka divino, podemos, por assim dizer, falar de uma trindade constituída do seguinte modo: deus-rei-Ka, onde o deus é o "pai" e o "filho"[25]. No capítulo final de sua obra, Jacobsohn traça um paralelo entre a concepção egípcia e o credo cristão. Ele cita, a respeito da passagem: "qui conceptus est de Spiritu Sancto, natus ex Maria virgine" (que foi concebido pelo Espírito Santo e nasceu de Virgem Maria), o seguinte comentário de Karl Barth: "... existe certamente uma unidade entre Deus e o homem; foi o próprio Deus quem a criou... Ela nada mais é do que sua própria unidade eterna enquanto Pai e Filho. Esta unidade é constituída pelo Espírito Santo"[26]. Na sua função de gerador, o Espírito Santo corresponde ao Ka-mutef, o qual exprime e assegura a unidade entre o pai e o filho divinos. Neste sentido, Jacobsohn cita uma meditação de Karl Barth a respeito de Lc 1,35 ("O Espírito Santo virá sobre ti, e o poder do Altíssimo vai cobrir-te com a sua sombra; por isso o Santo que nascer será chamado Filho de Deus"): "Ao falar do Espírito Santo, a Bíblia se refere a Deus enquanto ligação entre o Pai e o Filho; ela se refere ao *vinculum unitatis*"[27]. O ato de geração divina do faraó tem lugar no seio da mãe humana do rei, por obra do Ka-mutef; mas a mãe do rei fica excluída da Trindade, da

---

23. *Misterium coniunctionis*, 2011 [OC, 14].
24. JACOBSOHN, H. *Die dogmatische Stellung dês Könings in der Theologie der alten Ägypter*, 1939, p. 17.
25. Op. cit., p. 58.
26. Op. cit., p. 64; • BARTH, K. *Credo*, p. 63.
27. Em: *Theologische Existenz heute*. Fascículo 19, p. 26.

mesma forma que Maria. Como nos demonstrou Preisigke, os primeiros cristãos do Egito transpuseram simplesmente suas concepções tradicionais acerca do Ka para o Espírito Santo[28]. Isto também explica o fato incomum de que na *Pistis Sophia* cóptica (século III) Jesus tem o Espírito Santo como seu sósia, isto é, como verdadeiro Ka[29]. O mitologema egípcio da igualdade substancial entre o pai e o filho divinos e o da geração no seio da mãe do rei se estende até a quinta Dinastia (meados do terceiro milênio). Diz o deus-pai acerca do nascimento da criança divina, na qual Horus se manifesta: "Este menino exercerá uma realização de clemência neste país, pois minha alma está nele"; e o menino diz: "Tu és meu filho carnal, que eu mesmo gerei"[30]. "O sol proveniente do sêmen de seu pai, que ele carrega consigo, surge de novo nele". Seus olhos são o sol e a lua, os olhos de Horus[31]. Como se sabe, a passagem de Lc 1,78: "Graças às entranhas de misericórdia de nosso Deus, com a qual nos visita o astro das alturas, para iluminar os que jazem nas trevas e nas sombras da morte", relaciona-se com Malaquias 4,2 [3,20]: "Mas para vós que temeis o meu nome surgirá o Sol da justiça, trazendo sob suas asas a salvação". Quem não pensa aqui no disco solar alado do Egito?

Estas ideias[32] passaram para o sincretismo helenístico e foram transmitidas ao Cristianismo através de Fílon e Plutarco[33]. Por isso não é correto afirmar, como às vezes até mesmo os teólogos modernos o têm feito, que não há influências egípcias na formação da concepção cristã e que se por acaso existe é num grau muito reduzido. O contrário é que é verdade. De fato, é muito improvável que apenas as ideias babilônicas tenham penetrado na Palestina, pois, como se sabe, este pequeno país intermediário permaneceu por muito tempo sob a

---

28. PREISIGKE. *Die Gotteskraft Frühchristlichen Zeit*, e também *Vom göttlichen Fluidum nach ägyptischer Anschauung*. Apud JACOBSOHN. Op. cit., p. 65.
29. *Pistis Sophia*. 1925, 20ss., p. 89 [Trad. de C. Schimidt]
30. Hb 1,5: "Tu és meu Filho, hoje eu te gerei" (Também 5,5).
31. MORET, A. *Du caractère religieux de La royauté pharaonique*. Apud NORDEN, E. *Die Geburt dês Kindes*, 1924, p. 75s.
32. Mais material a respeito das fontes pagãs, cf. em NIELSEN. *Der dreieninge Gott*, 1922, I.
33. Sobre este ponto, cf. NORDEN. Op. cit., p. 77ss.

dominação egípcia; sabe-se também que mantinha estreitas relações culturais com o poderoso vizinho, especialmente a partir da época anterior ao nascimento de Cristo, em que uma florescente comunidade judaica se desenvolveu na cidade de Alexandria. É difícil compreender o que levou os teólogos protestantes a apresentar as coisas, sempre que possível como se o universo das ideias cristãs tivesse caído um dia repentinamente do céu; a Igreja Católica é bastante liberal, a ponto de admitir o mito de Osíris – Horus – Ísis como uma prefiguração da lenda cristã da salvação, pelo menos nas partes em que se correspondem. O valor da verdade e a força numinosa de mitologema ganham consideravelmente com a demonstração de seu caráter arquetípico. O arquétipo é, com efeito, o *quod semper, quod ubique, quod ab omnibus creditur* [o que é sempre acreditado por toda a parte e por todos]; se não for reconhecido de modo consciente, surge por detrás, "in his wrathful form", em sua forma iracunda, como "filho do Caos", como malfeitor tenebroso, como Anticristo, e não como Salvador, como nos mostra claramente a história moderna.

3. Grécia

Devemos também incluir as especulações matemático-filosóficas do pensamento grego entre as "fontes" pré-cristãs da ideia da Trindade. Como se sabe, este pensamento já aparece no Evangelho de João, escrito de matiz mais ou menos gnóstico e, posteriormente, nos santos Padres gregos, onde o conteúdo arquetípico da revelação começa a ser ampliado e aplicado em sentido gnóstico. É evidente que foram Pitágoras e sua escola os que maior participação tiveram na formação original do pensamento grego. Ora, como a Trindade apresenta um caráter numérico-simbólico, vale a pena investigar, no sistema numérico dos pitagóricos, a concepção dos números fundamentais que têm relação com o caso que nos ocupa. Zeller escreve em sua obra[34]: "A unidade é o primeiro elemento do qual surgiram todos os outros números; é nela, portanto, que devem estar juntas todas as qualidades opostas dos números: o ímpar e o par; o dois é o

179

---

34. *Die Philosophie der Criechen*, 1856, I, p. 292.

primeiro número par, o três é o primeiro número ímpar e também *perfeito*, porque é no número três que aparece pela primeira vez um começo, um meio e um fim"[35]. Considerando que as concepções pitagóricas influíram no pensamento de Platão, o que se pode ver pelo *Timeu*, e como este livro por sua vez teve ampla e considerável influência sobre as especulações das épocas posteriores, devemos aprofundar-nos aqui na psicologia da especulação dos números.

180   O *uno* ocupa uma posição excepcional, que encontraremos de novo na Filosofia natural da Idade Média. Segundo esta Filosofia, o *uno* ainda não é propriamente um número, o que só acontece a partir do dois[36]. O *dois* é o primeiro número, e o é precisamente porque, com ele, dá-se uma separação e uma multiplicação, somente então começa o processo de contar. O dois faz com que ao lado do *uno* surja um *outro*, de tal modo marcante que em muitas línguas a palavra "outro" significa simplesmente "segundo". A isto se acrescenta espontaneamente a ideia de "direito" e "esquerdo"[37] e, o que é digno de nota, de "favorável" e "desfavorável", ou mesmo de "bom" e "mau". O "outro" pode assumir o significado de "sinistro" ou é sentido, no mínimo, como o oposto e o estranho. Este foi o motivo pelo qual um alquimista da Idade Média argumentava que Deus não louvou o segundo dia da criação, visto que nesse dia (uma segunda-feira – *dies lunae*) surgiu o *binarius*, ou melhor, o diabo (enquanto número dois, ou "aquele que duvida"). O número *dois* pressupõe a presença do número *um*, que se diferencia do *uno*, pelo fato deste não ser numerável. Em outras palavras, com o número dois surge o número *um*, do *uno*; e o número *um* não é mais do que o *uno* diminuído e transformado em "número", por causa da divisão. O "uno" e o "outro" formam um par de contrários, o que não acontece com o *um* e o

---

35. Este último ponto Segundo o testemunho de Aristóteles, *De coelo* I, 1, 268ª.

36. Parece que a fonte desta doutrina é Macróbio, *Comentarius in Somnium Scipionis*, I, 6, 8.

37. Da mesma forma que o movimento para esquerda, próprio do "outro", em *Timeu* 36 C. (*Timeu* Segundo a tradução de Otto Apelt, 1922, p. 54). [Para a tradução portuguesa recorremos ao respectivo volume da "Collection dês Universités de France" publicada sob o patrocínio da Association Guillaume Budé, que para facilidade de citação abreviamos para "Budé", 1949; no caso, p. 149. – N.T.].

dois, pois estes constituem simples números, e só se distinguem entre si exclusivamente por seu valor aritmético. O "uno", porém, sempre tende a manter sua unicidade e seu isolamento, ao passo que a tendência do "outro" é ser justamente "outro" em relação ao *uno*. O *uno* não pretende exonerar o outro, senão perderia seu caráter próprio, enquanto o outro se destaca do *uno*, simplesmente para perdurar. Daí resulta uma tensão antitética entre o *uno* e o outro. Qualquer tensão desse tipo, porém, leva a uma espécie de evolução, da qual resulta o *terceiro* termo. Com a presença do terceiro termo, desfaz-se a tensão e reaparece o *uno* perdido. O *uno* absoluto não entra no processo de numeração, nem pode ser objeto de conhecimento. Só pode ser conhecido a partir do momento em que aparece no um, pois no estágio de "uno" falta o "outro" exigido para estas operações. A tríade é, portanto, uma espécie de desdobramento do *uno*, e sua transformação num conjunto cognoscível. O três é o *uno* que se tornou cognoscível e que, não havendo a resolução da antítese entre o "uno" e o "outro", permaneceria num estado de absoluta indeterminação. Por isso, o três comparece como um verdadeiro sinônimo do processo de desenvolvimento dentro do tempo, disso resultando um paralelo com a autorrevelação de Deus como *uno* absoluto, no desdobramento do três. A relação da tríade com a unidade pode ser expressa por meio do triângulo equilátero[38]: a=b=c, isto é, pela identidade dos três ângulos: a tríade inteira está presente em cada um dos três ângulos assim formados. Esta ideia intelectual do triângulo equilátero é um pressuposto racional da imagem lógica da Trindade.

Penso que o enigmático *Timeu* de Platão deve ser considerado como a fonte imediata das concepções trinitárias do pensamento grego, mais do que a interpretação numérica dos pitagóricos. Em primeiro lugar, gostaria de mencionar a passagem clássica do *Timeu* 31B – 32A: "Assim, pois, Deus, ao construir o corpo do mundo, começou a fazê-lo de ferro e de terra. Mas é impossível que dois termos sozinhos formassem uma bela composição. Para isto é necessário que haja um terceiro elemento, o qual sirva de ligação entre os dois primeiros. Ora, de todas as ligações, a mais bela é aquela que proporciona tanto

---

38. Harnack (*Dogmengeschichte*, 1931, II, p. 303) compara a concepção ocidental da Trindade com o triângulo equilátero.

a si mesma como aos outros dois termos a mais completa unidade. E isto, pela própria natureza das coisas, só a proporção (geométrico-progressiva) é capaz de realizar. Com efeito, quando de três números, sejam eles lineares ou quadrados, o do meio está para o último assim como o último está para o primeiro, e, de novo, o último está para o do meio assim como o do meio está para o primeiro, o resultado é que se coloca-se o número do meio em primeiro lugar, e o último e o primeiro no meio, a relação é sempre a mesma. Mas, se eles permanecerem sempre na referida relação, formam, todos juntos, uma unidade perfeita"[39]. A série ou progressão geométrica assim descrita caracteriza-se pelo fato do quociente (q) de dois números sucessivos serem sempre o mesmo, assim, por exemplo: 2:1=4:2=8:4=2, ou expresso em linguagem algébrica: a, aq, aq^2. A progressão aí contida se traduz do seguinte modo: 2 está para 4, assim como 4 está para 8, ou *a* está para *aq* assim como *aq* está para aq^2.

182   Segue-se a este argumento uma reflexão de consequências incalculáveis no campo da Psicologia, a saber: se um par simples de contrários, como o fogo e a terra, é ligado por meio de um elemento intermediário e desta ligação resulta uma proporção (geométrica), então a presença de um único intermediário significa que só pode tratar-se da união de objetos bidimensionais, porquanto a união de objetos tridimensionais exigir dois e elementos intermediários. "Portanto, se o corpo do mundo, diz o *Timeu*, tivesse de ser um simples plano, sem espessura, bastaria um único elemento intermediário para conferir unidade a si mesmo e aos outros dois elementos. Mas, neste caso, seria preciso que este corpo fosse sólido; mas, para harmonizar os sólidos, *um único* elemento intermediário nunca é insuficiente; são necessários sempre dois"[40]. Por conseguinte, a união bidimensional ainda não é uma realidade corpórea, mas somente algo *imaginado* como um plano não extenso no sentido da terceira dimensão. Para que haja, porém, a realidade corpórea, são necessárias três dimensões e, consequentemente, dois termos intermediários. Sir Thomas Heath[41] expressa este problema nas seguintes fórmulas algébricas:

---

39. APELT. Op. cit., p. 49 ["Budé", p. 143-144].
40. Op. cit., p. 49 ["Budé", p. 144s.].
41. A History of Greek Mathematics. CONFORD, F. M. *Plato's Cosmology*, 1937, p. 47.

1. União da terra, designada por p, e do fogo, designado por q, em duas dimensões.

$$p: pq = pq: q^2$$

Como se vê, o μέσον (termo intermediário) é simplesmente pq.

2. União da terra e do fogo. Neste caso o número cúbico p representa a terra e o número cúbico q o fogo.

$$p^3: p^2q = p^2q: pq^2 = pq^2: q^3$$

O primeiro μέσον (termo intermediário) é pq e o outro é pq. O primeiro corresponde ao elemento corpóreo "água" e o segundo ao elemento "ar". "Assim Deus colocou a água e o ar no meio, entre o fogo e a terra, e dispôs os elementos uns em relação aos outros, o mais exatamente possível na mesma proporção, de tal sorte que aquilo que o fogo é para o ar, o ar o fosse para a água, e aquilo que o ar é para a água, a água o fosse para a terra. Deste modo reuniu e formou um céu ao mesmo tempo visível e palpável. Por este processo, e com a ajuda dos elementos assim definidos em número de quatro, foi gerado o corpo do mundo, harmonizado pela proporção, de onde resulta também sua consistência amistosa: unido estreitamente em si e consigo mesmo, ele não pode ser dissolvido por nenhuma outra força que não a do seu próprio autor"[42].

A união de *um* único par de contrários só conduz a uma *tríade bidimensional*: $p^2 + pq + q^2$. Esta grandeza como simples plano não é real, mas apenas imaginada. Na realidade são necessários dois pares de contrários, isto é, um quatérnio (a saber: $p^3+p^2q+pq^2 + q^3$), para representar uma realidade corpórea. Encontramos aqui – embora sob uma forma velada – o dilema do três e do quatro, a que se alude nas palavras iniciais do *Timeu*. A intuição de Goethe captou, de maneira bastante precisa, o significado desta alusão quando, falando do quarto Cabiro (*Fausto*, - cena dos Cabiros), diz que:

"... ele é o único verdadeiro,
que pensa por todos os outros"

e a respeito do oitavo, afirma que é "no Olimpo" que deve ser interrogado[43].

---

42. *Timeu* 32 BC (APELT. Op. cit., p. 49s.) ["Budé", p. 145].
43. Uma exposição detalhada em: *Psicologia e alquimia*, 1952, p. 221ss. [OC, 12, § 203ss.

184   Um dos aspectos significativos da questão talvez resida no fato de que Platão foi o primeiro a apresentar a união dos opostos como um problema racional (num plano bidimensional) para, em seguida, verificar que por este caminho não se chegaria a uma realidade concreta. No primeiro caso, trata-se de uma tríade ligada em si mesma, enquanto que no segundo trata-se de uma quaternidade. Tal dilema ocupou a atenção da alquimia durante mais de mil anos e hoje surge nos sonhos sob a forma do *axioma de Maria*, a profetisa (judia ou copta)[44], e, na Psicologia, como oposição das funções conscientes relativamente diferenciadas, em relação à única função indiferenciada, considerada inferior ou de menos valor: não domesticada, inadequada, não controlada, primitiva e, por contaminação com o inconsciente coletivo, arcaica e mística. Ela se acha na mais rigorosa oposição relativamente à função mais diferenciada. Quando o pensamento, por exemplo, ou mais precisamente, o intelecto, é a função mais diferenciada, o sentimento representa[45] a quarta função, de valor inferior[46]. É por isso que as palavras iniciais do *Timeu*: "Um, dois, três. Mas nosso quarto, meu caro Timeu,... onde está ele?" ressoam familiarmente aos ouvidos do psicólogo e do alquimista em Goethe, por exemplo), e para eles não há dúvida de que Platão aqui se refere a algo muito significativo. Percebemos que se trata do *dilema entre o que é somente imaginado e a realidade concreta* ou, mais precisamente, da sua *realização*. Trata-se, na verdade – para o filósofo, que não é um simples tagarela –, de um problema de primeira ordem, nada menos importante do que o problema moral que lhe está intimamente ligado. A este respeito, Platão teve experiências pessoais que lhe mostraram quão difícil é a passagem do plano de conceituação bidimensional para a concretização no plano da tridimensionalidade[47]. Ele se desaveio de tal modo com seu amigo e político-filósofo Dionísio o Velho, tirano da Sicília, que este o mandou vender como escravo. Só

---

44. Como nos mostra o sonho apresentado em *Psicologia e alquimia*, p. 216, op. cit., [OC, 12. § 198ss.]
45. Isto, naturalmente, julgado do ponto de vista da função mais diferenciada.
46. Cf. a respeito as definições em *Psycologie typen* (*Tipos psicológicos*, vol. 6).
47. "Estreito é o mundo a mente vasta. / Ágeis, em ambos habitam as ideias, / Enquanto as coisas asperamente colidem nesse espaço". (Schiller, *Wallensteins Tod*, II, 2).

um acaso feliz (o resgate) o salvou deste destino. Suas tentativas junto a Dionísio, o Moço, no sentido de transpor suas ideias filosóficas e teóricas a respeito do Estado para o plano da realidade também falharam, de tal modo que Platão decidiu-se a renunciar a qualquer atividade política. A metafísica pareceu-lhe, por isso, muito mais promissora do que a vida neste mundo inconstante e intratável. Assim, para ele, a ênfase recai no mundo bidimensional das ideias e isto particularmente no processo de elaboração do *Timeu*, que surgiu depois de suas decepções no campo da política. Em geral, o *Timeu* é incluído entre as obras mais recentes de Platão.

Nesta situação as palavras iniciais da referida obra, que não se explicam por uma disposição jovial do autor, nem pelo puro acaso, tomam uma feição um tanto melancólica. Dos quatro falta um, porque adoeceu. Isto significa – se tomarmos esta passagem em sentido simbólico – que no tocante aos elementos constituem a realidade corpórea, ou falta o ar, ou falta a água. No primeiro caso, falta a ponte que conduz ao espírito (o fogo); no segundo caso, falta a ponte que leva à materialidade e à realidade concreta (a terra). Não é o espírito que faz falta a Platão, mas a realização concreta das ideias: ele é obrigado a contentar-se apenas com a harmonia de uma descrição imponderável das ideias e com a superfície sem espessura do papel. A passagem do número três para o número quatro se choca com o peso, a inércia e as limitações inesperadas e alheias ao mundo do pensamento, que não se deixam esconjurar nem atenuar pelo recurso ao "μὴ ὄν"[48] ou "privatio boni". Mesmo a mais bela criação de Deus se acha, pois, pervertida; a preguiça, a estupidez, a malícia, a insuficiência, a doença, a idade e a morte enchem o magnífico corpo de Deus "bem-aventurado" – alma de um mundo doente – e na realidade tal espetáculo doloroso não corresponde absolutamente àquele que o olhar interior de Platão vê, ao escrever as seguintes palavras: "Tal foi, portanto, o belo plano do Deus que existe eternamente, em relação ao Deus que um dia haveria de nascer; plano implicando que o corpo do mundo fosse polido e homogêneo, que todos os pontos de sua superfície distassem igualmente do centro, como também que constituís-

185

---

48. Não sendo (que não é).

se um todo completo em si mesmo, e constasse, ele próprio, de partes perfeitas (íntegras). Quanto à alma, ele a colocou no centro deste mundo e a estendeu através de todo o corpo, envolvendo-o também exteriormente com ela. E, por meio de circunvoluções, formou um céu circular, único e solitário, capaz, pela própria virtude, de encontrar satisfação no trato consigo mesmo, sem precisar de ninguém, mas conhecendo-se e amando-se de modo suficiente. Por todas estas qualidades e vantagens, ele o gerou para um Deus bem-aventurado"[49].

Este mundo criado por Deus é também filho do Pai que se revela. O mundo, que é Deus, tem uma alma formada pelo Demiurgo e "anterior" ao corpo (*Timeu* 34,B). A alma do mundo foi formada pelo Demiurgo, do seguinte modo: Da substância indivisível (ἀμερές) e da substância divisível (μεριστόν) ele fez uma mistura e com ela formou uma terceira espécie de substância intermediária. Esta última tinha uma natureza independente do "mesmo" (τὸ αὐτόν) e do "outro" (τὸ ἕτερον). Inicialmente, o "mesmo" parece coincidir com o indivisível e o "outro" com o divisível[50]. É este o conteúdo do texto: "Com a substância indivisível e *sempre igual* (a "sameness" de Cornford), de um lado, e com a substância corpórea e divisível, do outro, ele compôs, misturando-as, uma terceira espécie de substância intermediária, que compreendia, por sua vez, seu próprio ser, além do "mesmo" e do "outro". E assim (χατὰ ταὐτά) ele formou esta substância como elemento intermediário (terceiro) entre a substância indivisível e a substância corporalmente divisível"[51]. Em seguida, ele tomou es-

---

49. APELT. Op. cit., p. 52s. ["Budé", p. 147s.].

50. Th. Gomperz, em *Griechische Denker*, 1912, II, p. 487, fala a respeito das duas substâncias primordiais que têm os seguintes nomes (no *Filebos* e no *Timeu* de Platão): "Limite" e "ilimitado", o "mesmo" e o "outro", o "indivisível" e o "dursível", e acrescenta que os discípulos de Platão falavam de "unidade" e do "grande e pequeno", ou da díade. Vê-se então com toda clareza, que Gomperz considera o "mesmo" e o "indivisível" como sinônimos, ignorando a resistência do "outro" e, consequentemente, a quaternidade fundamental do mundo (cf. abaixo).

51. *Timeu* 35A (APELT, p. 52s. ["Budé", 147s.]. Os termos da passagem crítica são as seguintes, no texto original:
"Τῆς ἀμερίστου καὶ ἀεὶ, κατὰ ταὐτὰ ἐχούσης οὐσίας καὶ τῆς αὖ περὶ τὰ σώματα γιγνομένης μεριστῆς τρίτον ἐξ ἀμφοῖν ἐν μέσῳ συνεκεράσατο οὐσίας εἶδος τῆς τὲ ταὐτοῦ φύσεως αὖ πέρι καί Τῆς τοῦ ἑτέρου, καὶ κατὰ ταὐτὰ συνέστησεν ἐν μέσῳ τοῦ

sas três substâncias e as misturou de novo, "reunindo à força, o "mesmo" e a substância do "outro", refratária a qualquer mistura". "Com a introdução do ser (οὐσία), *das três substâncias surgiu uma só*"[52].

A alma do mundo, portanto, que constitui o princípio dominante de toda a *physis*, possui uma *natureza trina*, e, visto como para Platão o mundo é δεύτερος θεός (um segundo Deus), a alma do mundo constitui uma *imagem* revelada e desdobrada *de Deus*[53].

A descrição deste processo de criação é estranha e deve ser esclarecida. O que primeiro nos chama a atenção é o duplo συνεχεράσατο (ele misturou). Por que repetir a mistura, se ela consta inicialmente de três elementos e o resultado não contém mais do que os três, e se depois, como parece, o elemento indivisível corresponde ao "mesmo", e o divisível ao "outro"? Esta aparência é enganosa. Na primeira mistura não se percebe que o divisível tenha resistido de algum modo ao processo e, por conseguinte, tenha precisado ser reunido, "a força", com o indivisível. Nas duas misturas trata-se de dois pares separados de opostos[54], os quais, uma vez que foram destinados a

187

188

τε ἀμεροῦς αὐτῶν χαὶ τοῦ χατὰ τὰ σώματα μεριστοῦ χαὶ τρία λαβὼν αὐτὰ ὄντα συνεχεράσατο εἰς μίαν πάντα ἰδένα" χτλ.
CONFORD. Op. cit., p. 59s., traduz da seguinte forma:
"Between the indivisible Existence that is ever in the same state and the divisible Existence that becomes in bodies, he compounded a third form of Existence composed of both. Again, in the case of Sameness and in that of Difference, he also on the same principle made a compound intermediate between that kind of them which is indivisible and the kind that is divisible in bodies. Then, taking the three, be blended them all into a unity" etc.
[Entre a existência indivisível que se conserva sempre no mesmo estado e a existência divisível que vai se formando em torno dos corpos, ele compôs uma terceira forma de existência, composta de ambas. E ainda, no caso da identidade e da diferença, e baseado também no mesmo princípio, ele fez um composto intermediário entre a espécie que é indivisível e a espécie que é divisível em corpos. Então, tomando os três, ele os ligou numa unidade]".

52. "... τὴν θατέρου φύσιν δύσμειχτον οὖσανε εἰς ταυτὸν συναρμόττων βίᾳ, μειγνὺς δὲ μετὰ τῆς οὐσίας."

53. Cf. *Timeu* 37C (APELT. Op. cit., p. 55) ["Ed. Budé", p. 150]. Nesta passagem o primeiro Deus é designado como "Pai" e sua criação como cópia de uma imagem primordial, que indica justamente o "Pai".

54. Corroborando isto há o fato de que ao primeiro par de contrários se acha subordinada a οὐσία (a essência) e ao segundo ψύσις (a natureza). Se a escolha é entre οὐσία e φύσις (na minha opinião é esta última que deve ser considerada como o elemento mais concreto.

formar o uno, podem ser imaginados assim distribuídos no seguinte quatérnio:

O indivisível e o divisível formam, juntamente com o seu μέσον [seu intermediário], uma tríade simples que tem "seu próprio" ser ao lado do "mesmo" e do '"outro". Essa tríade constitui aquele número três que corresponde ao puramente imaginado. Mas isto ainda não significa uma realidade concreta. Será preciso uma segunda mistura na qual o "outro" seja introduzido à força. Esse "outro" é, por conseguinte, o *quarto elemento que se caracteriza como "adversário"* e que resiste à harmonia. Mas a ele, diz o texto, acha-se unido o ser ansiosamente desejado[55]. Ocorre-nos aqui espontaneamente a ideia de pensar na impaciência que o Filósofo deve ter sentido, ao constatar que a realidade resistia tanto às suas ideias. Em tais circunstâncias, não terá sido totalmente alheio ao seu espírito impor violentamente o "elemento racional".

189   Devemos lembrar ainda que a passagem citada não é muito fácil. Ela tem sido traduzida de diferentes modos e interpretada de maneiras ainda mais diversas. O ponto crítico para a sua compreensão é a frase: συνέστησεν ἐν μέσῳ τοῦ τε ἀμεροῦς: "Ele formou (uma espécie de substância do "mesmo" e do "outro") no ponto intermediário do indivisível (e do divisível)". Deste modo, o intermediário do segundo par de contrários coincidiria com o intermediário do primeiro. A figura daí resultante seria, portanto, um quincunx, porque os

---

55. "Isto que se opõe ao nada,
E parece algo, este mundo grosseiro..." (*Fausto* I)

dois pares de contrários têm em comum um μέσον (intermediário) ou um τρίτον εἶδος (uma terceira forma), da seguinte maneira:

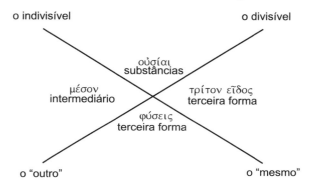

Não coloco aqui as quatro metades dos dois pares de contrários, respectivamente em oposição uma à outra (como no esquema anterior), mas uma ao lado da outra, para tornar claro que elas estão unidas *num único* intermediário. Neste esquema há três elementos a distinguir: os dois pares de opostos e seu intermediário. É com estes elementos que eu relaciono a frase que se segue: χαὶ τρία λαβὼν αὐτὰ ὄντα ("e tomando estes três existentes"). Uma vez que o intermediário é designado como τρίτον εἶδος ("terceira forma"), podemos dizer que os contrários representam, respectivamente, a primeira e a segunda forma. Assim: o indivisível = a primeira forma, e o divisível = a segunda forma; o intermediário = a terceira forma, e assim por diante. A ligação na quincunx é lógica, porquanto corresponde à união dos quatro elementos num corpo do mundo. Thomas Taylor nos diz, em seu *Comentário ao Timeu* (1804), fortemente influenciado por Proclo: "For those with are connected wich her (viz. anima mundi) essence in a following order, proceed from her according to the power of the *fourth term* (4), which possesses generative powers; but return to her according to the *fifth* (9) which reduces them to *one*[56]. Uma outra confirmação da existência da quaternidade da alma

---

56. Reimpresso, ultimamente, em *"The Bollingen Series III"*, Platão, *The Timaeus and the Critias or Atlanticus*, 1994, p. 71 [Porque esses elementos que estão unidos à sua essência (isto é, da *anima mundi*), segundo uma ordem de sucessão, procedem dela, segundo o poder do *quarto termo* (4), que tem poder procriador, mas retornam a ela, de conformidade com o *quinto termo* (9) que os reduz a um só].

e do corpo do mundo se acha no relato do *Timeu*, segundo o qual o Demiurgo os teria dividido em forma de X, voltando depois a uni-los[57]. Para os egípcios, segundo Porfírio, um X inscrito num círculo significa a alma do mundo[58]. Na realidade, este X é o hieróglifo designativo de *cidade*[59]. Acho que Platão já estabelece aqui a estrutura mandálica que aparece, depois, no *Crítias*, como capital da Atlântida.

191   Na dupla mistura pode-se ver uma analogia com os dois μέσα (intermediários) dos elementos corpóreos (cf. acima). Cornford, ao invés, considera como essencial a referência a três *intermedia*, que ele chama respectivamente de "Intermediate Existence", "Intermediate Sameness" e "Intermediate Difference"[60]. Ele insiste, principalmente, no tríplice processo e nas quatro substâncias do "mesmo". Na Idade Média encontramos também os *quatuor elementa* (A,B,C,D) e os *tria regimina* (três processos), que unem os elementos, a saber: A-B, B-C e C-D. Em três circunstâncias o comentador não percebeu a sutileza contida na alusão de Platão ao caráter refratário do quarto elemento.

192   Com isto, não queremos dizer que a sequência de ideias resultantes do texto do *Timeu* fossem reflexões conscientes de Platão. Podemos outorgar a este pensador um grau extraordinário de genialidade, mas isto não implica que todas as suas ideias, sem exceção, tenham sido conscientes. Quase não se tomou consciência, por exemplo, do problema do quarto elemento, que pertence a esse conjunto de ideias, pois a solução violenta dentro de um sistema harmônico teria sido chocante em demasia. Nem Platão teria-se fixado, de maneira incoerente, à tríade constitutiva da alma de seu mundo. Também não pretendo afirmar que ele tenha escolhido as palavras iniciais do *Timeu*, numa referência intencional à problemática subsequente do quarto elemento refratário. Pelo contrário, tudo indica que estava presente

---

57. *Timeu*, 36B (APELT. Op. cit., p. 53) ["Ed. Budé", p. 14].
58. TAYLOR. Op. cit., p. 75.
59. GRIFFITH,, F.L. *A Collection of Hieroglyphs*, 1848, p. 34 B. Fig. 142 ⊗ = *Plan of a village with cross streets*.
60. CORNFORD. Op. cit., p. 61. Com a "Existence", a "Sameness" e a "Difference" ele constrói, respectivamente, pares de contrários, baseado na conjectura de que o indivisível e o divisível são atributos de cada um dos três princípios. Não estou certo de que o texto permita esta operação.

aquele *spiritus rector* inconsciente que levou o Mestre a escrever uma tetralogia duas vezes, ou mais precisamente a tentar uma, embora em ambos os casos o *quarto elemento tenha ficado incompleto*[61]. Esta mesma determinante fez com que Platão permanecesse celibatário toda sua vida, numa confirmação da tríade masculina contida em sua concepção de Deus.

À medida que o curso da História vai-se aproximando do início de nossa era, mais abstratos os deuses se tornam, ou melhor, mais se espiritualizam. O próprio Javé deve passar por esta transformação. Na filosofia alexandrina do último século antes de Cristo, modifica-se não só sua natureza, como surgem também ao seu lado duas outras figuras divinas: o Logos e a Sofia. Estas figuras chegam mesmo a formar uma tríade com o próprio Deus[62], numa prefiguração da Trindade cristã.

---

61. A este respeito, cf GOMPERZ T. *Griechische Denker*, 1912, II, p. 475 [As duas tetralogias inacabadas são a) *A república, Timeu, Crítias* (inacabado) *Hermócrates* [que nunca chegou a ser escrito]; b) *Teéteto, O Sofista, O Filósofo* (que nunca chegou a ser escrito)].

62. LEISEGANG. *Pneuma Hagion*, 1922, p. 86.

II
Pai, Filho e Espírito

194   Se me demorei na consideração das concepções da Babilônia, do Egito e do pensamento platônico, foi com a finalidade de proporcionar aos meus leitores uma visão geral daquelas tríades e unidades de épocas que precederam às vezes de muitos séculos o Cristianismo. Uma questão de não menor importância é a de saber se essas ideias foram transmitidas à posteridade sempre através da migração e da tradição. O principal é que existiram, já que um dia brotaram do pensamento inconsciente da humanidade (e isto não somente na Ásia anterior!) e por isso sempre reapareceram de novo, por toda parte. É mais do que problemático saber se os Santos Padres que criaram a fórmula da *homoousia* conheciam, ainda que remotamente, a teologia real do antigo Egito. Mas o fato é que não descansaram nem se detiveram enquanto não reconstituíram integralmente o arquétipo do Antigo Egito. Algo de semelhante aconteceu em 431 d.C., no Concílio de Éfeso, cidade em cujas ruas ressoaram outrora os louvores à grande deusa Diana, quando Maria foi proclamada a θεοτόχος (a mãe, a genitora de Deus)[1]. Como sabemos através de Epifânio[2], havia até mesmo uma seita, dos chamados Coloridianos, em cujo culto Maria era adorada como uma deusa da Antiguidade. Este culto propagou-se principalmente na Arábia, na Trácia e na Cítia superior, e encontrou acolhida particularmente entre as mulheres; isto deu ocasião a que o referido Padre da Igreja lesse para essas mulheres os Levitas: *"quod genus lubri-*

---

1. Pertence também a esse contexto a lenda segundo a qual Maria, depois da morte de Cristo, teria ido em companhia de João para Éfeso, ai permanecendo até a sua morte.
2. *Panarium. Contra octoginta Haereses*, LXXIX. Cf. MIGNE, J.P. Patr. gr. T. 41, col. 739ss.

cum et in errorem proclive, ac pusilli admodum et angusti animi esse solet"³. Sua reprimenda faz-nos perceber que havia sacerdotisas, as quais em certos dias festivos ornamentavam um carro ou assento quadrado, que cobriam com um pano de linho, sobre o qual depositavam um pão como sacrifício em nome de Maria (ἀναφέρουσιν εἰς ὄνομα τῆς Μαρίας), para participarem conjuntamente do banquete sacrificial. Tratava-se, evidentemente, de uma Eucaristia artofágica "em nome de Maria". Considerando sob o ponto de vista ortodoxo de então, é típico o que Epifânio nos diz a este respeito: "Ἐν τιμῇ ἔστω Μαρία, ὁ δὲ Πατὴρ χαὶ υἱὸς χαὶ ἅγιον πνεῦμα προσχυνείσθω, τὴν Μαρίαν μηδεὶς προσχυνεῖτο". (Honre-se Maria; adore-se o Pai, o Filho e o Espírito Santo, [προσχύνησις]: literalmente: prostração, atirar-se por terra]. Que ninguém adore Maria).

O arquétipo impôs-se, portanto. Para mim o que mais importa é mostrar como as ideias arquetípicas pertencem aos fundamentos indestrutíveis do pensamento humano. Embora fiquem esquecidas e soterradas por longos e longos anos, voltam sempre de novo, muitas vezes sob disfarces estranhos e deformações pessoais, ou deturpados racionalmente, como na Cristologia ariana (a *homoiousia*), apresentando-se constantemente, sob novas formas, como verdade intemporal que são, inerentes à natureza humana⁴.

Ainda que não se possa subestimar a influência de Platão sobre os pensadores dos séculos posteriores, não se deve apresentar sua fórmula trinitária, expressa em linguagem filosófica, como responsável pelos inícios do dogma cristão da Trindade. Ou em outras palavras: não se trata aqui de pressupostos filosóficos, conscientes, mas de pressupostos arquetípicos inconscientes. A fórmula platônica da Trindade colide com a Trindade cristã num ponto essencial: enquanto a primeira resulta de uma antítese, tal não se dá com a segunda; pelo contrário, ela é totalmente harmônica em si mesma. As três Pessoas da fórmula cristã são caracterizadas de um modo que não pode

195

196

---

3. ("... este gênero [de mulheres] é geralmente inclinado à luxúria e ao erro, e costuma ser de entendimento estreito e mesquinho).
4. A ênfase particular com a qual eu destaco as predisposições arquetípicas não significa que os mitologemas sejam de natureza exclusivamente psíquica. Não negligencio de modo algum as condições sociais indispensáveis para o seu aparecimento.

originar-se do pressuposto platônico, isto é, as denominações "Pai", "Filho" e "Espírito Santo" não derivam absolutamente do número três. No máximo, o que a fórmula platônica poderia constituir, seria o arcabouço mental para determinados conteúdos provenientes de fontes inteiramente diversas. Formalmente, a Trindade poderia ser expressa em linguagem platônica, mas em relação ao conteúdo precisamos recorrer a dados psíquicos, isto é, não racionais, impossíveis de serem definidos *a priori*, em termos lógicos. Em outras palavras: é preciso distinguir a *ideia lógica da Trindade* de *sua realidade psicológica*. Esta última reconduz-nos diretamente às concepções egípcias, vários séculos anteriores a ela e, consequentemente, ao arquétipo, isto é, à legitimação da existência específica e eterna da ideia trinitária.

197 A realidade psicológica consta dos seguintes termos: Pai, Filho e Espírito Santo. Posto o "Pai", segue-se, logicamente, o "Filho", mas o "Espírito Santo" não resulta logicamente do "Pai" nem do "Filho". É forçoso concluir que este último constitui uma realidade particular, que se baseia num pressuposto diferente. De acordo com a antiga doutrina, o Espírito Santo é *vera persona, quae a filio et a patre missa est* [verdadeira pessoa, enviada pelo Pai e pelo Filho]. O *processio a patre filioque* [o ato de proceder do Pai e do Filho] é uma inspiração e não uma geração, como no caso do Filho. Esta representação um tanto estranha corresponde a uma distinção que se fazia, na Idade Média, entre *corpus* (corpo) e *spiramen* (respiração); o que se entendia por *spiramen* era muito mais do que um simples "sopro". O que se designava desse modo era a *anima*, que é uma espécie de sopro, como o próprio termo *anima* (ἄνεμος = vento) indica. Tal sopro é, antes de mais nada, uma atividade do corpo, entendida porém como realidade autônoma, e constituindo uma substância (ou hipóstase) paralela ao corpo. Com isto se queria dizer que o corpo *vive*, sendo a vida representada como uma entidade autônoma associada, ou seja, como uma *alma independente* do corpo. Aplicando essa concepção à fórmula da Trindade, deveríamos dizer: Pai, Filho e *Vida*, a qual procede de ambos ou é vivida por ambos. O Espírito Santo é um conceito que, como vida, não pode derivar logicamente de modo algum da identidade de Pai e Filho; é mais uma ideia psicológica, isto é, uma realidade que se fundamenta numa concepção originária irracional. E esta concepção é constituída por aquele arquétipo, cuja forma mais

clara encontramos na teologia real do Egito. Trata-se, como vimos, do Deus-Pai, do Ka-mutef (isto é, d'Aquele que gera) e do Filho. O Ka é o espírito de vida, o princípio vital próprio, tanto do homem como do deus, e pode, por conseguinte, ser considerado com razão como "alma", ou como sósia espiritual. É a "vida" do morto e por isso pode ser comparado, de um lado, com a alma e, do outro, com o "espírito", com o "gênio" do homem. O Ka-mutef representa, como vimos, uma hipostasiação da potência genética[5]. O Espírito Santo é igualmente uma potência genética e vital hipostasiada[6]. A Trindade cristã oferece-nos, portanto, uma representação verdadeiramente arcaica, mas de valor incomum, precisamente por constituir uma representação suprema e hipostasiada do *puramente imaginado* (a tríade bidimensional!). Entretanto, sua forma ainda não possui um caráter concreto, pois o arquétipo se acha representado pela relação "Pai-Filho". Se fosse apenas isto, o arquétipo seria uma díade. Entre o "Pai" e o "Filho" surge um terceiro elemento, que não é figura humana, mas espírito. Por isso a relação masculina (pai-filho) na ordem da natureza, na qual existe ainda a de mãe e filha, foi suprimida e transposta para um plano, em que o elemento feminino foi excluído: no velho Egito e no Cristianismo, a Mãe de Deus fica fora da Trindade. Veja-se, neste sentido, o gesto brusco de rejeição do Filho em relação à Mãe, nas Bodas de Caná (Jo 2,4: Mulher, que há entre mim e ti?)[...], como também no templo, onde ela procurava o Filho de doze anos (Lc 2,49: Por que me procuráveis? Não sabíeis que devo ocupar-me *das coisas de meu Pai*?). Certamente não nos enganaremos se admitirmos que este plano especial para o qual foi transferida a relação "pai-filho" seja a dos primitivos mistérios, das iniciações masculinas. Há certas tribos em que se proíbe às mulheres, até mesmo sob pena de morte, que presenciem as práticas dos mistérios. É

---

5. O Ka dos reis tinha inclusive um nome individual. Assim, no caso de Tutmósis III, era chamado o "Ka vivo do Senhor dos dois países", "o touro vitorioso, que brilha em Tebas": Erman, *Ägypten*, 1885, p. 414.

6. Esta justaposição do Espírito se encontra também no Antigo Testamento, embora principalmente sob a forma de um Deus "de poder" e menos como hipótese. De qualquer modo, a frase de Is 48,16, segundo o texto da LXX, aproxima-se bastante desta última: "Κύριος Κύριος ἀπέστειλέν με χαὶ τὸ πνεῦμα αὐτοῦ" (O Senhor me enviou com seu espírito).

por meio dos ritos iniciáticos que os jovens do sexo masculino são sistematicamente afastados das mães e transformados numa espécie de espíritos através de um novo nascimento. Esta ideia arquetípica continua até hoje no *celibato sacerdotal*[7].

198   A operação mental que subjaz à relação sublimada pai-filho consiste em exaltar uma figura invisível, um "espírito", que representa uma espécie de encarnação ideal da vida masculina. A vida do corpo ou de uma pessoa é considerada de algum modo como sendo *diferente* do seu portador. Daí procede, por exemplo, a ideia do Ka ou da alma imortal, que pode separar-se do corpo ou que dele não precisa para sobreviver. Os primitivos, sob este aspecto, têm concepções bastante desenvolvidas acerca dos diversos tipos de almas: algumas são imortais, enquanto outras só se acham frouxamente ligadas a seus corpos e por isso podem emigrar, podem perder-se durante a noite, ou extraviar-se e ser aprisionadas durante o sonho; outras almas ainda não estão no corpo, mas pertencem ao homem, como, por exemplo, a *alma dos bosques*, que habita fora, no seio da floresta, no corpo de um animal. A justaposição entre pessoa e vida é uma operação psicológica própria de um espírito pouco diferenciado, ainda incapaz de pensar em termos abstratos e de estabelecer ligações entre causa e efeito. Ele consegue apenas justapor as propriedades que percebe nos corpos como, por exemplo, o homem e sua vida, ou sua enfermidade – imaginada eventualmente como demônio –, sua saúde ou seu prestígio, entendido como *mana* etc. É o que acontece, como vimos, com o Ka do Egito. A relação pai-filho-vida ou força genética, com exclusão da mãe ou progenitora divina, constitui a fórmula patriarcal que "estava no ar", muito antes da era cristã.

199   De acordo com sua definição, o *Pai* é a *prima causa* (a causa primeira), o *creator* (o Criador), o *auctor rerum* (o autor das coisas), o qual, num determinado estágio cultural incapaz de reflexão, pode ser simplesmente o *uno*. Do *uno* deriva o *outro*, por via de divisão. Esta divisão não é necessariamente manifesta enquanto não se colocar criticamente, de uma forma ou de outra, alguém como *auctor rerum*.

---

7. Para a história grega primitiva, neste contexto, cf. a instrutiva exposição de HARRISON, J.E., *Themis*. 1912, ch. I.

Ou melhor, enquanto uma cultura não refletir sobre esta unidade e não começar a criticar a obra através da qual a criação se revela. Fora de qualquer julgamento crítico e de qualquer conflito moral, o sentimento humano da unidade deixa também intocada a *patris auctoritas* (a autoridade do Pai).

Observei esta condição da unidade original do mundo do Pai numa tribo de negros do Monte Elgon. Esse povo se declarava convicto de que o Criador fizera tudo bom e bonito. Quando eu lhes perguntei: "Mas os animais ferozes que matam o vosso gado, não são maus?" Eles responderam: "O leão é bom e bonito". "E vossas enfermidades horripilantes?" Eles me disseram: "Estás ao sol e isto é bonito". Fiquei impressionado com esse otimismo. Mas às seis horas da tarde cessava de repente esta filosofia, como logo descobri. A partir do crepúsculo domina um outro mundo, o mundo das trevas, o mundo do *ayík*, o maligno, o perigoso, aquele que causa o medo. Cessa a filosofia do otimismo e começa a filosofia do medo dos fantasmas e das práticas mágicas que devem proteger os homens contra o mal. Com o nascer do sol, retorna o otimismo, sem a mínima contradição interna.

O homem, o mundo e a divindade constituem originariamente um todo único, uma unidade que não é perturbada pela crítica. Este é o mundo do Pai, de um lado, e, do outro, também do homem em seu estágio infantil. Apesar de doze das vinte e quatro horas serem vividas na crença obscura e no mundo das trevas, nunca surgiu a dúvida de saber se Deus poderia ser também um outro. A clássica pergunta sobre a origem do mal ainda não existe na era do Pai. Só com o Cristianismo é que se colocou o problema relativo ao princípio das disposições morais. O mundo do Pai é evidentemente assinalado por uma época que se caracteriza, com a natureza, pela unidade original – a unidade do belo, do feio ou do medo. Mas a partir do momento em que aparecem as questões: "De onde vem o mal? Por que este mundo é tão mau e imperfeito? Por que existem doenças e outras coisas abomináveis? Por que o homem é obrigado a sofrer?", começou o processo da reflexão, que julga a revelação do Pai pelas suas obras e, através disto, apareceu a dúvida, que significa a quebra da unidade original. A conclusão é que a criação é imperfeita e que o próprio Criador não atendeu plenamente aos requisitos de sua tarefa. A bondade e o poder do Pai não podem constituir o princípio único da cosmogonia. Por esta razão o *uno* precisa ser substituído por um *outro*. O mundo do Pai é, pois, mudado, em princípio, e sucedido pelo *mundo do filho*.

202   Isto se verifica no momento em que começou a crítica do mundo pelos gregos, na época da gnose em seu sentido mais amplo e da qual surgiu justamente o Cristianismo. O arquétipo do Deus redentor e do homem primordial é antiquíssimo. Nem mesmo podemos datar esta ideia. Na filosofia da Purusha, da Índia, e mesmo na concepção do *protanthropos* Gayomard, da Pérsia, já se acha presente a figura do Filho, do Deus revelado, que é voluntária ou involuntariamente sacrificado para que possa surgir um mundo, ou para que o mundo seja redimido. Gayomard, enquanto filho do deus da luz, sucumbe às trevas e precisa ser libertado para que o mundo seja salvo. Encontramos aqui o protótipo das figuras do Salvador dos gnósticos e da doutrina referente ao Cristo como salvador da humanidade.

203   Não é muito difícil perceber como a cosmovisão que colocou a questão sobre a origem do mal e do sofrimento correspondendo a um mundo diverso, ansioso pela salvação e por aquela perfeição mediante a qual ainda se achava unido ao Pai. Ansiava por *retornar* ao reino do Pai, mas este reino se havia perdido definitivamente, pois houvera um aumento de autonomia irreversível da consciência humana. Através desta mudança, o homem se desliga do mundo do Pai e começa o mundo do Filho, com o drama divino da salvação e com a narrativa cultual daquelas coisas que o Homem-Deus realizou em sua permanência neste mundo[8]. A vida do Homem-Deus revela, então, coisas que não se podem conhecer mediante o Pai, enquanto *uno*. Com efeito, o Pai, em seu estado original, de *uno*, não era uma realidade determinada nem determinável, nem podia ser ou chamar-se "Pai", no verdadeiro sentido do termo. Mas por sua encarnação no Filho torna-se Pai e, concomitantemente, *determinado* e *determinável*. Tornando-se Pai e Homem, revela o mistério de sua divindade na esfera do humano.

204   Uma destas revelações é o Espírito Santo, o qual, embora eterno na sua condição de ser pré-cósmico, só aparece como que empirica-

---

[8]. Remeto o leitor interessado à minuciosa descrição da morte e do renascimento do χοῦρος divino em HARRISON, J.E. *Themis*, 1912, ch. I.

mente neste mundo, quando Cristo abandona o palco terreno de sua atividade. O Espírito Santo será para os discípulos o que o próprio Cristo fora antes para eles. Conferirá-lhes o poder supremo de realizar obras talvez maiores do que aquelas realizadas pelo Filho (Jo 14,12). O Espírito Santo substitui equivalentemente o Cristo e, de certo modo, corresponde àquilo que o Cristo recebera do Pai. O Filho procede do Pai, tendo ambos em comum a atividade vital do Espírito Santo que é aspirado pelos dois, segundo a definição cristã. Por ser um terceiro elemento comum entre o Pai e o Filho, o Espírito significa uma eliminação da dualidade, de "dúvida", no Filho. Ele é, realmente, o terceiro elemento que completa a tríade e reconstitui a *unidade*. No Espírito Santo chega realmente a seu termo aquele desdobramento do *uno*, que teve início quando este se contrapôs, como Pai, ao Filho. A descida num corpo humano equivale a tornar-se um outro, a colocar-se em oposição a si próprio. A partir desse momento existem duas realidades: o *uno* e o *outro*, o que acarreta uma certa tensão[9] que se faz sentir, de modo particular, na história dolorosa do Filho[10] e, em grau extremo, na confissão do abandono divino (Mt 27,46).

O Espírito Santo é quem gera o Filho (Mt 1,18), mas é também sua herança, enquanto Paráclito. Ele continua a obra de salvação do Filho em *muitos*, descendo sobre aqueles que correspondem à escolha divina. Por isso o *Paráclito* é indicado como a *figura que coroa a obra da salvação e a obra de autorrevelação de Deus*. Este é o motivo pelo qual podemos dizer que o Espírito Santo representa a consumação, a plenitude da divindade e do drama divino, uma vez que a Trindade é, sem dúvida alguma, uma forma superior da representação de Deus enquanto pura unidade, pois corresponde a um estágio de reflexão, isto é, a um estágio mais consciente da humanidade.

A ideia trinitária que acabamos de esboçar e que se refere a um processo vital intradivino já existia em grande parte, como vimos, na era pré-cristã, e constitui, no tocante ao essencial, uma continuação e

---

9. A relação entre o Pai e o Filho não é propriamente aritmética, pois os dois enquanto *uno* e *outro* se acham ligados no *uno* original e estão, por assim dizer, eternamente em vias de se tornarem dois. Daí a razão pela qual o Filho é "eternamente" gerado pelo Pai e a morte sacrificial é um ato "eternamente" presente.

10. Cf. πάθη de Dionísio, que constituem um paralelo na esfera grega.

uma diferenciação do rito originário de renovação e de sua lenda cultual. Como os deuses destes mistérios, estes também se extinguem e voltam a constituir-se sob nova forma no decurso da História. No início de nossa era estava novamente em curso um processo geral semelhante à extinção dos antigos deuses; para saná-lo, houve um novo nascimento divino, e o aparecimento de novos mistérios. É evidente que qualquer imitação consciente das tradições dos mistérios anteriores teria impedido não só o processo de renovação, como também o novo nascimento. Era necessário uma revelação sem vínculo de espécie alguma e isenta de todo pressuposto, uma revelação que fosse capaz de estabelecer um novo δρώμενον (uma nova ação cultual) e uma nova lenda cultual no mundo. Somente em época relativamente tardia percebeu-se que havia semelhanças notáveis com a lenda de Dionísio, mas esta última foi explicada como obra do demônio. Esta atitude do Cristianismo primitivo é bastante compreensível, pois ele desenvolveu-se de maneira inconsciente; sua aparente ausência de pressupostos constituía também a *conditio sine qua non* de sua existência eficaz. Não se pode pôr em dúvida a múltipla superioridade da revelação cristã em relação aos estágios pagãos que a precederam, razão pela qual é supérfluo insistir atualmente na ausência de pressupostos e no caráter não histórico do Evangelho. É fato comprovado que ele se enraíza numa multidão de pressupostos históricos e psicológicos.

III

Os símbolos

O drama trinitário da redenção (e não seu conceito intelectual) veio à luz do dia na plena inconsciência de seu renascimento dentro de um novo *éon*. Sem falar nas chamadas prefigurações do Antigo Testamento, não existe uma só passagem do Novo Testamento na qual a Trindade seja mencionada dum modo que possa ser expresso numa linguagem racional[1]. O que encontramos são principalmente fórmulas ternárias de bênção, como por exemplo no final da segunda carta aos Coríntios: "A graça do Senhor Jesus Cristo e a comunhão do Espírito Santo estejam com todos vós[2], ou no início da primeira Carta de Pedro: "... segundo a presciência de Deus Pai, na santificação pelo Espírito para a obediência e a aspersão com o sangue de Jesus Cristo"[3] (Expressão semelhante se encontra na Carta de Judas

---

1. O chamado *Comma Johanneum* que, sob este ponto de vista, constitui uma exceção, é um caso comprovadamente tardio e de origem duvidosa. Como *textus per se* [texto em si] e como *revelatum explicitum* [como revelado explícito] seria a prova mais convincente da ocorrência da Trindade no Novo Testamento. Trata-se de 1Jo 5,7: "Porque são três os que testificam: o Espírito e a água e o sangue, e estes três estão de acordo (isto é, convergem no testemunho de que Cristo veio "pela água e pelo sangue"). A Vulgata, neste lugar, traz a inserção tardia: *Quonian tres sunt, qui testimonium dant in coelo: Pater, Verbum et Spiritus Sanctus: et hi tres unum sunt* [Porque três são os que dão testemunho no céu: O Pai, o Verbo e o Espírito Santo, e estes três são um só]. Deve-se notar que no texto grego os três neutros: πνεῦμα, ὕδωρ e αἷμα são seguidos de um plural masculino, isto é: "οἱ τρεῖς εἰς τὸ ἕν εἰσιν".
2. 2Cor 13,13. A ordem de batizar "em nome do Pai e do Filho e do Espírito Santo" pertence a esta categoria. A autenticidade do texto é colocada em dúvida. Parece que na origem só se batizava em nome de Jesus Cristo. A ordem de batizar ocorre em Marcos e Lucas. Cf. KRUEGER, G. *Das Dogma von der Dreieinigkeit und Gottmenschheit in seiner geschichtlichen Entwicklung*, 1905, p. 11.
3. 1Pd 1,2.

20-21). Em favor da Trindade cita-se também 1Cor 12,4-6. Aqui, porém, o que se encontra é apenas a afirmação enfática de que o Espírito é *um* só (assim também Ef 4,4-6), o que significa mais uma posição de defesa contra as aberrações politeístas ou mesmo polidemoníacas, do que uma preocupação de acentuar a Trindade. As fórmulas triádicas também são usuais na época imediatamente posterior aos Apóstolos. Assim se lê, por exemplo, na primeira Carta de Clemente, 46,6[4]: "Temos um só Deus e um só Cristo, como também um só Espírito". Epifânio nos relata ter Cristo ensinado aos seus discípulos que "Ele era o Pai, era o Filho e era o Espírito Santo" (ὡς αὐτοῦ δηλοῦντος τοῖς μαθηταῖς τὸν αὐτὸν εἶναι πατέρα, τὸν αὐτὸν εἶναι υἱὸν, τὸν αὐτὸν εἶναι ἅγιον πνεῦμα)[5].

208 Esta frase foi por ele extraída do *Evangelho* apócrifo dos *Egípcios*, do qual, infelizmente, só restaram alguns fragmentos. Esta fórmula é muito significativa, pois nos permite saber que existia um claro ponto de partida para a formação de um conceito (modalista) da Trindade[6].

209 O essencial porém não está no fato de que o Novo Testamento não possua nenhuma fórmula trinitária, e sim de nele aparecerem três figuras que se acham numa relação manifesta de interação, quais sejam o Pai, o Filho, gerado pelo Espírito Santo, e o próprio Espírito Santo. As fórmulas de bênção, as circunstâncias solenes, a menção de atributos (como por exemplo o Trishagion) possuem o antigo caráter mágico-trinitário[7]. Conquanto nada provém em favor da Trindade no Novo Testamento, existem e, como as três pessoas divinas, constituem indícios claros de um arquétipo em ação, que opera sob a superfície, oferecendo o ensejo para a formação de tríades. Esta evolução

---

4. Clemente é apontado por Ireneu como o terceiro bispo de Roma depois de Pedro. A data das cartas clementinas é controvertida. Parece que pertencem à segunda metade do século II.

5. *Panarium*. Em: MIGNE, J.P. *Patr.Gr.*, T. 41, cols. 1.052-1.053.

6. A época de sua composição parece ser o começo do século II. HENNECKE. *Neutestamentliche Apokryphen*.

7. Nesta categoria se incluem, por exemplo, os ancestrais de Cristo, mencionados em Mt 1,17 e divididos em 3x14 gerações. Cf. com o papel dos 14 ancestrais reais no Egito. JACOBSOHN. *Die dogmatische Stellung des Königs in der Theologie der alten Ägypter*, p. 66s.

indica-nos que o arquétipo trinitário já se encontra atuando no Novo Testamento; o que se segue decorre grandemente do que precede. Esta afirmação é particularmente válida naqueles casos em que, como no da Trindade, trata-se do efeito de um conteúdo inconsciente preexistente, qual seja, o arquétipo. Na realidade, como nos mostram as confissões de fé, as alusões do Novo Testamento à tríade divina foram desenvolvidas nos sínodos dos padres, de uma forma inteiramente consequente, até desembocar na *homoousia*; isto ocorreu de modo inconsciente, pois os padres ignoravam a existência dos protótipos egípcios que já haviam atingido anteriormente o nível do ὁμοούσιος. Estas influências na posteridade foram o resultado inevitável das intuições triádicas presentes no início do Cristianismo e significam ampliações do arquétipo já cristalizado. O fato de terem ocorrido de forma ingênua e isenta de preconceitos constitui uma prova direta de que aquilo que o Novo Testamento indica era realmente a Trindade, como a própria Igreja o admite.

Como não se *sabia* o que se revelara no "Filho do Homem", de modo tão repentino, mas apenas se *acreditava* nas interpretações apresentadas, a influência nas gerações posteriores, durante séculos, não era senão o paulatino desdobramento do arquétipo no campo da consciência ou, mais explicitamente, seu acolhimento dentro das possibilidades conceituais que a Antiguidade havia legado[8]. Partindo deste eco histórico, é-nos possível conhecer aquele fator que se revelou originariamente numa iluminação súbita, impressionando os homens, sem que tivessem compreendido de modo suficiente o que se passara, a fim de exprimi-lo em fórmulas claras. Precisa-se de tempo e distância para chegar-se a um desdobramento e a uma formulação dos conteúdos "revelados". Os resultados desta atividade do espírito se sedimentaram em proposições doutrinárias, os chamados *dogmata* (dogmas), cuja essência se acha resumida no chamado *symbolum*, ou confissão de fé. Este tipo de *Breviarium Fidei* (breviário da fé) tem, e com razão, sob o ponto de vista psicológico, o nome de "símbolo"; trata-se de uma expressão simbólica, de uma imagem antropomórfica, colocada em lugar de um fato transcendente, do qual não se pode

210

---

8. Este processo começa, como se sabe, no Evangelho de João.

dar uma explicação ou interpretação racional. É bom acrescentar que emprego aqui o termo "transcendente" em sentido psicológico[9].

1. O símbolo apostólico

211   Segundo a tradição, as tentativas de tais condensações da fé começaram muito cedo. Ambrósio, por exemplo, nos informa que o Credo batismal usado na Igreja de Milão provinha diretamente dos doze Apóstolos[10]. Este Credo da Antiga Igreja é chamado de "*Symbolum Apostolicum*" (Símbolo Apostólico). Ele é atestado por documentos a partir do século IV e é o seguinte:

"Creio em Deus Pai, todo-poderoso; e em Jesus Cristo, seu Filho unigênito, nosso Senhor, o qual foi concebido pelo Espírito Santo e nasceu de Maria Virgem; foi crucificado sob Pôncio Pilatos e sepultado; ao terceiro dia ressurgiu dos mortos; subiu aos céus; está sentado à direita de Deus Pai, de onde há de vir a julgar os vivos e os mortos; e no Espírito Santo, na santa Igreja, na remissão dos pecados; na ressurreição da carne".

212   Este Credo move-se ainda inteiramente no nível do Evangelho e das Cartas apostólicas. Nele aparecem três figuras divinas que não estão absolutamente em relação de oposição ao Deus *uno*. Nele encontramos a Trindade, não de forma explícita, mas *latente*, à semelhança do que se lê na segunda Carta de Clemente, acerca da Igreja preexistente: "Ela se acha presente espiritualmente". Desde o início tinha-se uma noção clara de que o próprio Cristo, enquanto *Logos*, era Deus puro e simplesmente (Jo 1,1). Em Paulo ele preexiste na forma de Deus. (Cf. a famosa passagem quenótica de Fl 2,6: "... ele, que estava na forma de Deus, não considerou um roubo *ser igual a Deus*") (τὸ εἶναι ἴσα Θεῷ = esse se *aequalem Deo*). Há também passagens nas Cartas paulinas em que o autor mistura o Cristo com o Espírito Santo, e vice-versa, ou onde os Três são vistos como constituindo um só; assim em 2Cor 3,17: "O Senhor é o Espírito ..." (ὁ δὲ χύριος τὸ πνεῦμα ἐστιν = Dominus autem spiritus est). Quando, no seguinte

---

9. Sobre este ponto, cf. *Psychologische Typen*. Definições. (*Tipos psicológicos*, OC, 6).
10. *Explanatio Symboli ad Initiandos*. Ambrósio morreu em 397.

versículo, ele fala da glória do Senhor (δόξα χυρίου = glória *Domini*) parece que está se referindo sobretudo a Cristo. Mas se considerarmos toda a passagem dos versículos 7-18, a conclusão é que a glória também diz respeito a Deus. Daí se vê que as Três figuras são tomadas promiscuamente. E isto é a Trindade *latente*.

2. O símbolo de Gregório, o taumaturgo

Embora o Símbolo apostólico não estabeleça expressamente a Trindade, ela está presente, espiritualmente, desde os primeiros tempos da Igreja, e seria uma pura questão de palavras, como acontece tantas vezes, insistir que a Trindade "só foi descoberta muito tempo depois". Por isto resta-me apenas mencionar a visão de Gregório, o Taumaturgo (210-270), segundo a qual a Beata Virgo Maria e São João lhe aparecem, transmitindo-lhe um Símbolo de fé que Gregório logo fixou por escrito[11]. São estes os seus termos: "Um só Deus, Pai da Palavra viva, (sua) sabedoria subsistente e (seu) poder, sua efígie eterna; gerador perfeito do perfeito; Pai do Filho unigênito (único do único); efígie e imagem da divindade; Palavra eficaz e Sabedoria que abrange todas as coisas; poder formador de toda criatura; Filho verdadeiro do Pai verdadeiro; (Filho) invisível do (Pai) invisível, incorruptível do incorruptível, imortal do imortal, eterno do eterno. E um só Espírito Santo que recebe de Deus sua existência e apareceu por intermédio do Filho; imagem do Filho; (imagem) perfeita do (Pai) perfeito; causa de todos os viventes; fonte de santidade, corifeu da santificação, no qual Deus-Pai se manifestou e que está acima de tudo e em tudo, e Deus Filho, que existe através de tudo. Tríade perfeita, não dividida nem alienada pela glória, pela eternidade e pela realeza"[12].

213

Este Credo trinitário alcançou grande prestígio muito antes do aparecimento do Símbolo apostólico documentado, que é bem menos explícito. Gregório foi discípulo de Orígenes até cerca de 238. Orígenes (182-251) emprega o termo "Trindade"[13] e reflete sobre

214

---

11. NISSA, G. *De Vita S. Gregorii Thaumaturgi*. In: MIGNE, J.P. *Patr. gr.*, T. 46, cols. 911-914.

12. CASPARI, C.P. *Alte und neue Quellen zur Geschichte des Taufsymbols*. 1879, 10-17.

13. O termo aparece pela primeira vez em Tertuliano († 220).

ele, preocupando-se de modo particular com a chamada οἰχονομία, a *oeconomia* ou *dispositio*, isto é, a gestão, ou melhor, a *ação da Trindade*. A este respeito ele escreve: "Acho que Deus Pai, o qual tudo encerra, chega a cada criatura, compartilhando com ela seu ser. De fato, Ele é Aquele que é. Abaixo do Pai, o Filho chega somente até às coisas racionais (*aos rationabilia*, o elemento racional presente no homem). De fato, o Filho ocupa o segundo lugar, em relação ao Pai. Ainda abaixo dos dois, o Espírito Santo chega somente até os santos. Daí se vê que o poder do Pai é maior do que o do Filho e o do Espírito Santo e o valor deste último é maior do que o de todos os outros santos"[14]. Orígenes não tem uma noção muito clara da natureza do Espírito Santo. Assim, diz: "A respeito do Espírito de Deus que pairava sobre as águas, tal como está escrito no começo do relato da criação, acho que se trata do Espírito Santo". E pouco antes, escreve: "Na verdade, porém, até agora não nos foi possível encontrar uma afirmação segundo a qual o Espírito fosse denominado como algo formado (*factura*) ou como criatura...[15]"

3. O Niceno

A especulação trinitária havia chegado a um ponto muito alto há muito tempo, quando o *Concílio de Niceia*, em 325, criou um novo Símbolo (dito Símbolo Niceno), cujos termos são os seguintes:

"Cremos em um só Deus, Pai todo-poderoso, criador de todas as coisas visíveis e invisíveis. E em um só Senhor, Jesus Cristo, Filho de Deus, nascido do Pai, unigênito, isto é, proveniente da substância do Pai; Deus de Deus, luz da luz, Deus verdadeiro de Deus verdadeiro, nascido mas não feito, da mesma substância (ὁμοούσιος) que o Pai; por ele foram feitas todas as coisas, tanto as que estão no céu como as que estão na terra; e por nós homens e pela nossa salvação desceu e se encarnou, e se fez homem, padeceu e ressuscitou ao terceiro dia, e subiu ao céu de onde há de vir a julgar vivos e mortos. E no Espírito Santo. Se alguém disser: "Houve um tempo em que Ele não existiu",

---

14. *De Principiis*. Lib. I, Cap III, 5.
15. Op. cit., III, 3.

ou disser que Ele não existia antes de nascer, ou que foi feito do que não existe, ou ainda que Ele provém de outra forma de existir (ὑπόστασις) ou substância (οὐσία), ou que o Filho de Deus é uma coisa criada, ou mutável, ou sujeito a alterações, a estes a Igreja universal e apostólica anatematiza".

Parece que foi o bispo Hósio de Córdoba quem sugeriu ao imperador a expressão decisiva: ὁμοούσιος τῷ πατρί [da mesma substância que o Pai]. Estas palavras não surgiram, então, pela primeira vez. Já se encontram em Tertuliano, como *unitas substantiae* [unidade de substância]. O conceito de *homoousia* também foi empregado pelos gnósticos; como, por exemplo, pelos valentinianos de Ireneu (140-ca. 200), para os quais os *éons* são concebidos como consubstanciais a Bythos, seu autor[16].O interesse desta confissão de fé se concentra na relação Pai–Filho, enquanto que o Espírito Santo é mencionado de maneira muito sucinta.

216

4. O Niceno-constantinopolitano, o atanasiano e o lateranense

Um progresso substancial resultou da formulação do chamado "Símbolo Niceno-Constantinopolitano", de 381. Seus termos são os seguintes:

217

"Cremos em um só Deus, Pai todo-poderoso, criador do céu e da terra, de todas as coisas visíveis e invisíveis. E em um só Senhor, Jesus Cristo, Filho Unigênito de Deus, nascido do Pai, antes de todos os séculos: Deus de Deus, luz da luz, Deus verdadeiro, de Deus verdadeiro, gerado, mas não feito, consubstancial ao Pai, pelo qual todas as coisas foram feitas. Por nós, homens, e pela nossa salvação, Ele desceu dos céus, e se encarnou por obra do Espírito Santo em Maria Virgem, e se fez homem. Foi também crucificado por nós, sob Pôncio Pilatos, padeceu e foi sepultado. E ressuscitou ao terceiro dia, conforme as Escrituras, e subiu aos céus; está sentado à direita do Pai, de

---

16. Ou dito com mais precisão: a igualdade substancial consiste em que os *eons* derivam do *Logos* e, este, do *Nous*, que é a emanação do Bythos. Cf. IRENEU. *Adversus Haereses*, II, 17,4. Em MIGNE, J.P. *Patr. gr.* T. 7, cols. 762-763. [Trad. de E. Klebba, op. cit. I, p. 140]. Esta obra surgiu entre 180 e 190.

onde há de vir, pela segunda vez, com glória, para julgar vivos e mortos, e seu reino não terá fim. E cremos no Espírito Santo, que é Senhor e dá a vida, e procede do Pai, e com o Pai juntamente com o Filho será adorado e glorificado, e que falou pelos Profetas. E na Igreja, una, santa, católica e apostólica. Professamos um só batismo para a remissão dos pecados. Esperamos a ressurreição dos mortos e a vida do século futuro. Amém".

218   Nesta confissão de fé o Espírito recebe a consideração que lhe é devida. Ele é "Senhor" e é adorado juntamente "com o Pai e com o Filho". *Mas não procede somente do Pai*. Este ponto deu origem à grande disputa do *filioque*, ou seja, à questão de saber se o Espírito Santo procede não somente do Pai, mas também do Filho[17]. Para que a Trindade formasse uma unidade perfeita, o *filioque* era tão necessário como a *homoousia*. O símbolo erroneamente chamado "Atanasiano"[18] foi o que fixou em primeiro lugar, e mais fortemente, a igualdade das três Pessoas. Por sua índole peculiar, tem sido ocasião de escândalo e provocou a repulsa dos teólogos racionalistas e liberais. A título de ilustração, dou aqui um trecho do início:

"A fé católica consiste em adorar um só Deus em três pessoas e três pessoas em um só Deus, sem confundir as pessoas, nem separar as substâncias. Porque uma é a pessoa do Pai, outra a do Filho, outra a do Espírito Santo. Mas uma só é a divindade do Pai e do Filho e do Espírito Santo. Sua glória é igual, coeterna sua majestade. Tal como o Pai, assim é o Filho e o Espírito Santo. O Pai é incriado, o Filho é incriado, e o Espírito Santo é incriado. O Pai é imenso, o Filho é imenso, o Espírito Santo é imenso. O Pai é eterno, o Filho é eterno, o Espírito Santo é eterno. E todavia não são três eternos, senão um só eterno, assim como não são três incriados, mas um só incriado, um só imenso. Da mesma maneira o Pai é onipotente, o Filho é onipotente, o Espírito Santo é onipotente. E todavia não são três onipotentes, mas um só onipotente. Assim o Pai é Deus, o Filho é Deus, o Espírito

---

17. (As palavras adicionais: "e do Filho" – filioque – são rejeitadas pela Igreja oriental, ao passo que foram adotadas universalmente no Ocidente, desde o começo do século XI, tanto no Catolicismo como no Protestantismo).

18. Chama-se também *Symbolum Quicumque*, por causa das palavras iniciais: *Quicumque vult salvus esse* (Quem quer salvar-se). Não é da autoria de Atanásio.

Santo é Deus. E todavia não são três deuses, mas um só Deus. Assim, o Pai é Senhor, o Filho é Senhor, o Espírito é Senhor. E todavia não são três senhores, mas um só Senhor. Porque assim como nos manda a verdade cristã confessar que cada Pessoa em particular é Deus e Senhor, do mesmo modo proíbe-nos a religião católica dizer que são três deuses ou senhores. O Pai não foi feito por ninguém, nem criado nem gerado. O Filho não foi feito, nem criado, mas gerado pelo Pai. O Espírito Santo não foi feito, nem criado, nem gerado, mas procede do Pai e do Filho. Não há, pois, senão um só Pai, e não três Pais; um só Filho, e não três Filhos; um só Espírito Santo, e não três Espíritos Santos. E nesta Trindade não há nem mais antigo nem menos antigo, nem maior nem menor, mas as três Pessoas são coeternas e iguais entre si. De sorte que em tudo se deve adorar, como se disse acima, a Unidade na Trindade, e a Trindade na Unidade. Quem pois quiser salvar-se, deverá pensar desse modo acerca da Trindade"[19].

A Trindade acha-se aqui bem equilibrada e plenamente desenvolvida como esquema intelectual. A *homoousia* une as Três Pessoas do mesmo modo. Uma outra variante é a que nos trouxe o "Símbolo do Concílio Lateranense", de 1215. Cito aqui apenas o começo:

"Cremos firmemente e confessamos com simplicidade que só um é o Deus Verdadeiro, eterno e imenso, todo-poderoso e imutável, incompreensível e inefável, Pai, Filho e Espírito Santo; três Pessoas, mas uma essência, substância ou natureza absolutamente simples. O Pai não procede de ninguém, o Filho procede somente do Pai, e o Espírito Santo procede ao mesmo tempo de ambos, sempre sem começo e sem fim: O Pai gera, o Filho é gerado e o Espírito procede; todos os três consubstanciais, iguais entre si, igualmente onipotentes e coeternos".

O *filioque* foi assumido através deste símbolo na profissão de fé, e com isto se atribui ao Espírito Santo uma atividade e uma importância inteiramente próprias. Até onde se pode saber, o Tridentino, posterior, não acrescentou à profissão de fé nenhum ponto de importância em relação ao fim que nos propusemos.

---

19. [Traducão segundo o *Diurnal Monástico* – Ed. do Mosteiro de São Bento, Rio de Janeiro, 1962 – N.T.].

Antes de encerrar este capítulo, devo lembrar que no *Liber de Spiritu et Anima*[20], da alta Idade Média, foi feita uma tentativa de interpretação psicológica da Trindade. A reflexão parte da suposição de que se chega ao conhecimento de Deus através do conhecimento de si mesmo. A *mens rationalis*, isto é, o intelecto pensante, é extremamente parecido com Deus, pois é *excellenter et proprie ad similitudinem illius facta*. Se o intelecto reconhecer sua semelhança em relação a Deus, conhecerá tanto mais facilmente o seu Criador. É assim que começa o processo do conhecimento da Trindade: o intelecto vê que a "sabedoria" (*sapientia*) provém dele e que ele a ama. Mas o amor procede dele e da sabedoria, e assim os três: o intelecto, a sabedoria e o amor, formam um só. A sabedoria provém do intelecto e o amor procede de ambos. Ora, Deus é a origem de toda a sabedoria; Ele corresponde ao intelecto (ao νοῦς); a sabedoria que Ele mesmo gerou corresponde ao Filho (ao λόγος); mas o amor corresponde ao Espírito (ao πνεῦμα)[21], inspirado entre Pai e Filho[22]. A *Sapientia Dei* foi identificada inúmeras vezes com o *Logos* cosmogônico e, consequentemente, também com o Cristo. O pensamento medieval deriva a estrutura da psique, partindo naturalmente da Trindade, ao passo que a perspectiva moderna simplesmente inverte esta relação.

---

20. Erroneamente atribuído a Agostinho. Cf. *Opera*, VI [cf. MIGNE, J.P. *Patr. lat.*, T, 40, col. 819s. – N.T.].

21. "... *quomodo per cognitionem nostri possimus ascendere ad cognitionem ipsius Dei*". ("... do mesmo modo que podemos chegar ao conhecimento do próprio Deus, pelo conhecimento de nós mesmos). Op. cit., p. 1.194, B.

22. O texto propriamente é o seguinte: "Et procedit amor ex ipsa (mente) et sapientia sua, quo amat ipsam genitam de se, et in se manentem non dividit a se. Et apparent tria quaedam in uno, mens, sapientia et amor. Et est sapientia de mente, et de mente et sapientia procedit amor; et surgit trinitas, et non recedit unitas: et sunt simul trinitas et unitas. Haec sic in nobis". "Qui genuit, Pater est; qui genitus est, Filius est; et qui ab utroque procedit, Spiritus sanctus est" (Desta mesma (mente) procedem o amor e a sabedoria e, com este amor, ela (a mente) ama a própria sabedoria que gerou e nela permanece, e não a separa de si. Desse modo surgem três em um só: a mente, a sabedoria e o amor. A sabedoria provém da mente, enquanto o amor procede ao mesmo tempo da mente e da sabedoria; deste modo surge uma trindade, sem que se desfaça a unidade; a trindade e a unidade existem ao mesmo tempo. É isto que ocorre em nós". "O Pai gera; o Filho é gerado e o Espírito Santo procede dos dois"). Op. cit., p. 1.195; A-D [MIGNE, J.P. *Patr. lat.*, T. 40, col. 8.195 – N.T.].

IV

Análise psicológica da Trindade

1. A hipótese do arquétipo

A ordem em que se sucedem os Símbolos de fé ilustra o modo pelo qual a ideia da Trindade evoluiu no decurso dos séculos. Tal evolução evitou de forma coerente, ou combateu com êxito todos os desvios racionalistas, como por exemplo a plausível heresia ariana. Ela levantou em torno das alusões trinitárias originais, contidas na Sagrada Escritura, um arcabouço de ideias que constitui uma *petra scandali* (pedra de escândalo) para os racionalistas liberais. Mas as proposições "religiosas" nunca são racionais em sentido corrente, pois elas têm sempre em mira aquele outro mundo, o *mundus archetypus* (mundo arquetípico) de que a inteligência comum, que só se ocupa do exterior, não toma consciência. Assim, o desenvolvimento da ideia cristã da Trindade reconstituiu inconscientemente *ad integrum* (integralmente) o arquétipo da *homoousia* entre o Pai, o Filho e o Ka-mutef, que aparece pela primeira vez na teologia real egípcia. Não que a concepção egípcia fosse como que o arquétipo da ideia cristã. O arquétipo em si, como expliquei em outra parte[1], não é um fator explícito, mas uma disposição interior que começa a agir a partir de um determinado momento da evolução do pensamento humano, organizando o material inconsciente em figuras bem

---

1. Cf. minha exposição a respeito em: *Theoretische Überlegungen zum Wesen des Psychischen.*

determinadas[2], ou, mais precisamente, reunindo e ordenando as representações divinas em tríades e trindades e um sem-número de usos rituais e mágicos em conjuntos ternários ou em grupos de três membros, como as fórmulas apotropaicas, as bênçãos, os louvores etc. O arquétipo, onde quer que se manifeste, tem um caráter compulsivo, precisamente por proceder do inconsciente; quando seus efeitos se tornam conscientes, caracteriza-se pelo *aspecto numinoso*. É a este caráter numinoso compulsivo do arquétipo e à enorme dificuldade de enquadrá-lo no mundo da racionalidade humana que se deve a existência de todas as discussões vazias, sofisticações, disputas verbais, intrigas e violências, que empanam a face da história do dogma da Trindade; nunca, porém, são as sutilezas conscientes – muitas vezes responsabilizadas de eriçar a especulação trinitária. Embora os imperadores, por razões políticas, se tivessem apropriado da disputa trinitária, pondo-a a serviço de seus próprios objetivos, esta faixa singular da história do pensamento não deve ser atribuída a fatores de ordem política, como também sua origem não pode ser atribuída a causas sociais e econômicas. O único fator que a explica é o aparecimento da "mensagem" cristã que revolucionou psicologicamente o homem ocidental. Segundo nos dizem os Evangelhos e, de modo particular, as cartas de Paulo, ela se verifica com o aparecimento real e verdadeiro do Homem-Deus na esfera cotidiana do homem, acompanhado de todos os sinais miraculosos dignos de um Filho de Deus. Por mais obscuro que pareça o núcleo histórico deste fenômeno às

---

2. Já me perguntaram muitas vezes donde procede o arquétipo. É um dado adquirido ou não? É-nos impossível responder diretamente a esta pergunta. Como diz a própria definição, os arquétipos são fatores e temas que agruparam os elementos psíquicos em determinadas imagens (que denominamos arquetípicas), mas de um modo que só pode ser conhecido pelos seus efeitos. Os arquétipos são anteriores à consciência e, provavelmente, são eles que formam as dominantes estruturais da psique em geral, assemelhando-se ao sistema axial dos cristais que existe em potência na água-mãe, mas não é diretamente perceptível pela observação. Como condições *a priori*, os arquétipos representam o caso psíquico especial do *"pattern of behaviour"* (esquema de comportamento), familiar aos biólogos e que confere a cada ser vivente a sua natureza específica. Assim como as manifestações deste plano biológico fundamental podem variar no decurso da evolução, o mesmo ocorre com as manifestações dos arquétipos. Do ponto de vista empírico, contudo, o arquétipo jamais se forma no interior da vida orgânica em geral. Ele aparece ao mesmo tempo que a vida.

exigências modernas de exatidão em relação aos fatos, não deixa também de ser verdadeiro que os efeitos psíquicos grandiosos que se prolongam através dos séculos não surgiram sem uma causa real. Infelizmente, os relatos evangélicos que devem sua existência ao zelo missionário dos primeiros cristãos são uma fonte muito escassa, em termos de ideias, para os que tentam uma reconstituição histórica dos fatos; mas eles oferecem informações abundantes sobre as reações psicológicas do meio ambiente daquela época. Tais reações e as informações anexas prosseguem dentro da história do dogma, onde continuam sendo vistas como efeitos da ação do Espírito Santo. Este modo de interpretar, cujo valor metafísico escapa ao psicológico, é de máxima importância; com efeito, ele nos revela que havia uma opinião ou crença dominante, segundo as quais o verdadeiro agente que operava no processo de formação das ideias não era o *intelecto humano*, mas uma *instância extraconsciente*. Motivo algum de ordem filosófica deve levar-nos a ignorar este fato psicológico. Certos argumentos iluministas, como o de que "o Espírito Santo é uma hipótese indemonstrável", são desproporcionais aos resultados da Psicologia. (Mesmo uma ideia absurda é real, apesar de seu conteúdo não ter sentido na ordem dos fatos). A Psicologia ocupa-se única e exclusivamente de fenômenos psíquicos. Estes podem ter o mero aspecto de aparições, que podem ser estudadas a partir de vários pontos de vista. Assim pois a afirmação de que o Espírito Santo é o inspirador do dogma significa que este não provém de uma sofisticação nem de meras especulações conscientes, mas é motivado por fontes extraconscientes e mesmo extra-humanas. Enunciados como estes e outros semelhantes ocorrem geralmente em acontecimentos de natureza arquetípica. Eles aparecem sempre associados ao sentimento de presença de algo numinoso. O sonho arquétipo, por exemplo, pode fascinar o indivíduo a tal ponto, que ele se sente inclinado a tomá-lo como uma iluminação, uma advertência ou uma ajuda sobrenatural. Nos tempos atuais as pessoas em geral se acanham de revelar experiências desta natureza e com isto denunciam a existência de um medo sagrado diante do numinoso. Quaisquer que sejam as experiências com o numinoso, todas têm em comum a circunstância de assentar suas fontes num plano extraconsciente. A Psicologia utiliza aqui, como se sabe, o conceito de "inconsciente" e, de modo particular, de "inconsciente coletivo", em oposição ao de *consciente individual*. Quem rejeita o primeiro, e só admite o segundo, vê-se obrigado a dar explicações personalísticas. Mas as ideias coletivas e, de modo particular, as de caráter manifestamente arquetípico, nunca derivam de um fundo pessoal. Ao apelar para Engels, Mary, Lenin e outros, como seus pais, o Comunismo simplesmente não percebe que está reavivando uma ordem social arquetípica, que sempre existiu entre os primitivos. Assim se explica seu caráter "religioso" e "numinoso" (isto é, fanático). Os padres da Igreja também não sabiam que sua Trindade tinha um passado velho, de um milênio.

223   É indiscutível que a doutrina trinitária corresponde originariamente a uma *ordem social de tipo patriarcal*. Mas não temos elementos para dizer se foram as condições sociais que provocaram a ideia ou se, inversamente, foi a ideia que revolucionou a ordem social. O fenômeno do Cristianismo primitivo e o aparecimento do Islão – para só darmos estes exemplos – mostram-nos o poder das ideias. O leigo que não tem a possibilidade de observar de que maneira se comportam os complexos autônomos, em geral se inclina a atribuir, em consonância com a tendência mais comum, a origem dos conteúdos psíquicos ao mundo ambiente. Em relação aos conteúdos representativos da consciência, não resta dúvida de que esta expectativa é legítima. Mas, além destes conteúdos, também existem as reações de caráter irracional e afetivo, bem como os impulsos para uma organização (arquetípica) do material consciente. Neste caso, quanto mais claro se torna o arquétipo, mais fortemente se faz sentir o seu *fascinosum* e sua respectiva formulação como algo "demoníaco" (no sentido de δαίμων [= ser sobrenatural]), ou como "divino". Tal afirmação significa que se é dominado pelo arquétipo. As representações que estão na base desta afirmação são, por sua própria natureza, antropomórficas e por isto mesmo se diferenciam do arquétipo ordenador que, em si mesmo, não é evidente, pelo fato de ser inconsciente[3]. Tais representações mostram-nos, porém, que um arquétipo se tornou *ativo*[4].

---

3. A este respeito, cf. minha exposição em: *Theoretische Überlegungen zum Wesen des Psychischen*.

4. É muitíssimo provável que a ativação de um arquétipo se deva a uma mudança nas disposições da consciência, que requer uma nova forma de compensação.

A história do dogma trinitário representa, portanto, a manifestação gradativa de um arquétipo, que organizou as representações antropomórficas de Pai, Filho, Vida, Pessoas distintas, numa figura arquetípica numinosa, ou seja, a "Santíssima Trindade". Ela é vista, pelos contemporâneos, sob aquele aspecto que a Psicologia designa pelo nome de *presença psíquica extraconsciente*. Se existe, como aconteceu e acontece aqui, um *consensus generalis* a respeito de uma ideia, então é lícito falar de uma presença coletiva. Semelhantes presenças são, por exemplo, em nossos dias, as ideologias fascista ou comunista, a primeira acentuando a posição de mando do chefe e a segunda, a comunhão de bens da sociedade primitiva.

O conceito de "santidade" indica que uma determinada coisa ou ideia possui valor supremo, cuja presença leva o homem, por assim dizer, ao mutismo. A santidade é reveladora; é a força iluminante que dimana da forma arquetípica. O homem nunca se sente como sujeito, mas sempre como objeto de tal acontecimento[5]. Não é ele quem percebe a santidade; é esta que se apodera dele e o domina; não é ele quem percebe sua revelação; é esta que se comunica a ele, sem que ele possa vangloriar-se de a ter compreendido adequadamente. Tudo parece realizar-se à margem da vontade do homem; trata-se de conteúdos do inconsciente, e mais do que isto a Ciência não pode constatar, pois em relação a uma fé ela não pode ultrapassar os limites correspondentes à sua natureza.

2. Cristo como arquétipo

A Trindade e a vida intratrinitária aparecem como o círculo fechado de um drama divino do qual o homem participa, no máximo, na qualidade de sofredor. O processo da vida divina apodera-se do homem e o obriga no decorrer de vários séculos a ocupar-se espiritualmente, e com apaixonado ardor, de problemas singulares que parecem muito abstrusos, quando não absurdos, aos homens de hoje.

---

[5]. Köpgen faz uma observação muito pertinente em: *Die Gnosis des Christentums*, 1939, p. 198: "Se existe algo semelhante à história do espírito ocidental, deverá situar-se sob o seguinte ponto de vista: foi sob o influxo do Dogma da Trindade que despertou a personalidade do homem ocidental".

Principalmente não se compreende o significado que a Trindade tem para nós, sob o ponto de vista prático, ético ou mesmo simbólico. Até mesmo os teólogos consideram muitas vezes a especulação trinitária como um simples jogo de ideias; há inclusive aqueles que dispensariam de muita boa vontade a divindade de Cristo, enquanto que o papel do Espírito Santo, dentro e fora da Trindade, constitui pura e simplesmente um elemento de embaraço. Disse D. F. Strauss, falando do "Símbolo Atanasiano": "Francamente, quem jurou pelo Símbolo *Quicumque* abjurou das Leis do pensamento humano". É óbvio que só pode falar assim quem não se acha mais sob a impressão da santidade reveladora, tendo regredido à atividade do próprio pensamento. Em relação ao arquétipo revelado, tal fato representa um retrocesso inevitável: a humanização liberal da figura de Cristo encontra suas raízes na *homoiousia* e no arianismo, enquanto que o moderno antitrinitarismo apresenta uma imagem de Deus mais vétero testamentária ou islamítica, do que propriamente cristã.

227   Na realidade, porém, para quem aborda este problema partindo de pressupostos racionalistas e intelectualistas, como o fez D. F. Strauss, as discussões e argumentações patrísticas devem parecer simplesmente absurdas. Mas o fato de que o estudioso (mesmo enquanto teólogo) recorra a critérios tão imponderáveis como a razão, o logicismo, ou algo semelhante, mostra-nos que todos os esforços dos Concílios e da Teologia escolástica no plano do pensamento não conseguiram transmitir à posteridade uma compreensão que sirva de apoio ao dogma. Não restava senão submeter-se à fé, renunciando à pretensão de chegar a uma compreensão pessoal. Como nos mostra a experiência, a fé, em geral, toma o caminho mais curto, o que a obriga a abster-se de uma crítica absolutamente incompatível com seu objeto. Tal crítica, com efeito, assume sempre uma atitude iluminista, isto é, volta a difundir aquelas trevas que a revelação procurou penetrar com sua luz: "*Et lux in tenebris lucet, et tenebrae eam non comprehenderunt*" (E a luz brilha nas trevas, mas as trevas não a receberam) (Jo 1,5).

228   Este tipo de crítica não percebe que o seu "way of approach" (sua forma de abordagem) é desproporcional em relação ao objeto de que se ocupa. Acredita que se trata de fatos racionais, esquecendo-se de que, antes e acima de tudo, trata-se, como sempre se tratou, de fenômenos psíquicos de natureza irracional. E isto já se percebe no ca-

ráter não histórico dos próprios Evangelhos, cuja única preocupação era tornar impressionante a figura de Cristo, na medida de suas possibilidades descritivas. Isto também é o que nos mostra a mais antiga testemunha literária do Novo Testamento, isto é, o Apóstolo Paulo que, cronologicamente, acha-se mais próximo dos acontecimentos críticos do que os discípulos dos Apóstolos. É realmente decepcionante constatar que nos escritos de Paulo o verdadeiro Jesus de Nazaré não pronuncia uma palavra sequer. Ele já se achava então (e não somente mais tarde, no Evangelho de João) totalmente encoberto pelos entulhos das representações metafísicas ou substituído por elas: é o Senhor dos demônios, o Salvador cósmico, o mediador entre Deus e o homem. Toda a teologia pré-cristã e "gnóstica" do próximo oriente, cujas raízes, ainda não se haviam estendido muito, começa a envolvê-lo com sua ramagem ascendente e a condensar-se naquela forma dogmática que já não precisa absolutamente apoiar-se no aspecto histórico. O verdadeiro homem Jesus havia desaparecido precocemente, por detrás das emoções e projeções do seu círculo imediato e, posteriormente, do mais amplo daqueles que o conheceram: foi logo quase inteiramente assimilado pelos "sistemas de disponibilidade" e, como consequência, tornou-se a sua expressão arquetípica. Transformou-se na figura esperada pelo inconsciente de seus contemporâneos. Por isso é inútil querer saber quem era e como era Ele em sua realidade concreta. Se sua figura fosse fidedigna sob o ponto de vista humano e histórico, seria provavelmente tão pouco esclarecedora como a de um Pitágoras, de um Sócrates, ou a de um Apolônio de Tiana. Ele apareceu como o portador de uma revelação justamente pelo fato de apresentar-se como um *Deus eterno* (e, por isso mesmo, não histórico), e só podia agir como tal, graças ao *consensus generalis* (consenso geral) inconsciente: se seus contemporâneos não tivessem visto algo de especial na pessoa do milagroso Rabi da Galileia, as trevas não teriam percebido que uma luz havia brilhado. Por falta de relato fidedigno, só a fé poderá dizer se Ele acendeu a luz pelo próprio poder ou se sucumbiu, em seu sofrimento, sob o peso da expectativa universal de luz. Em qualquer caso, as provas extraídas da análise dos textos a respeito da projeção e da assimilação da figura de Jesus não são inequívocas. A participação do inconsciente coletivo neste processo se acha amplamente documentada, pois são abundantes os exemplos paralelos no campo da história das religiões. Em face desta situação, devemos indagar o que foi tocado pela "mensagem" no íntimo do homem, e qual a resposta que este lhe deu.

229 Se quisermos responder a esta pergunta de natureza psicológica, devemos investigar, por um lado, todo o simbolismo do Novo Testamento a respeito de Cristo, assim como o alegorismo dos santos padres e a iconografia da Idade Média, e, por outro, todo o material arquetípico encerrado na psique inconsciente, a fim de podermos verificar que tipo de reação se manifestou. A linguagem dos símbolos acerca de Cristo consiste, sobretudo, nos *atributos que caracterizam a vida do herói* tais como: origem improvável, pai divino, nascimento ameaçado de perigo, pronta salvação, amadurecimento precoce (crescimento do herói), superação da própria mãe e da morte, milagres, fim trágico e prematuro, tipo de morte simbolicamente significativo, efeitos póstumos (aparições), sinais miraculosos. Como *Logos*, Filho do Pai, *Rex gloriae* (Rei da Glória), *Judex mundi* (Juiz do mundo), *Redemptor et Salvator* [Redentor e Salvador], Jesus é o próprio Deus, uma *totalidade universal* expressa iconograficamente, como a própria definição da divindade, pelo círculo[6], o *mandala*. Lembro aqui apenas a representação tradicional do *Rex gloriae* no *mandala*, onde aparece acompanhado da *quaternidade* dos símbolos dos quatro Evangelistas (inclusive das quatro estações do ano, dos quatro ventos, dos quatro rios que saem do Paraíso etc.). Uma simbólica parecida é a da *formação coral* dos santos, dos anjos e dos anciãos em torno do Cristo (ou Deus) como centro. Ele representa a *integração* dos reis e profetas da Antiga Aliança. Como *pastor* Ele é o condutor e o centro do rebanho. É a videira, enquanto os que o seguem são os ramos. Seu corpo é pão que se come, e seu sangue é vinho que se bebe. Ele é também *Corpus mysticum* formado pela união dos crentes. Como

---

6. "Deus est circulus cuius centrum est ubique, circumferentia vero nusquam" (Deus é um círculo cujo centro se encontra em toda parte e cuja periferia não está em parte alguma). Na forma: "Deus est sphaera infinita" (Deus é uma esfera infinita), a afirmação deve provir do *Liber Hermetis*. *Codex Parisinus* 6319 e *Codex Vaticanus* 3060 (ambos do século XIV). Cf. BAUMGARTNER, M. *Die Philosophie des Alanus de Insulis*, p. 118. Neste contexto devemos mencionar a tendência do pensamento gnóstico de organizar-se em círculos; assim, por exemplo: "No princípio era o Verbo e o Verbo estava em Deus e o Verbo era Deus" (Jo 1,1). Cf. Leisegang, *Denkformen*, 1928, p. 60ss.

manifestação humana, é o *Herói* e o Homem-Deus sem pecado, por isso mais completo e mais perfeito do que o homem natural, que Ele ultrapassa e abrange, e que está para Ele na mesma relação de uma criança para o adulto, ou do animal (ovelha) para o homem.

Estes enunciados descrevem mitologicamente um arquétipo, que surge tanto dentro como fora do âmbito cristão e que se exprime mais ou menos através deste simbolismo, aparecendo nos sonhos individuais ou em projeções fantásticas (isto é, em formas especiais de transferência) sobre pessoas vivas (projeções do herói). O conteúdo de tais produtos simbólicos é a figura de um ser superior, universal, perfeito e completo, representado por um homem revestido de determinadas qualidades, ou por um animal possuidor de certos atributos mágicos, ou ainda por um receptáculo mágico ou por qualquer outro objeto precioso, "difícil de ser alcançado": uma joia, um anel, uma coroa, ou então, geometricamente, pelo mandala. Esta representação arquetípica corresponde a uma totalidade do indivíduo, que preexiste como imagem inconsciente, como totalidade do si-mesmo; este porém não é percebido diretamente pela consciência, por ser constituído não só pela psique consciente, como também pelo inconsciente, o qual não pode ser percebido de um modo direto.

230

Foi este arquétipo que respondeu à "mensagem" de cada alma, de modo que o Rabi Jesus concreto foi assimilado, num brevíssimo espaço de tempo, pelo arquétipo constelado. Cristo realizou, portanto, a ideia do si-mesmo[7]. Como nunca podemos discernir empiricamente em que consiste um símbolo do si-mesmo, nem o que é uma imagem de Deus, estas duas ideias aparecem sempre misturadas, apesar das tentativas no sentido de diferenciá-las; por exemplo, o si-mesmo, enquanto sinônimo do Cristo interior, joanino ou paulino, e o Cristo enquanto Deus (consubstancial ao Pai) ou o Atman, enquanto etapa do si-mesmo individual e essencial do cosmos, ou o Tao, enquanto estágio individual e processo correto dos acontecimentos universais. Psicologicamente, a esfera do "divino" começa imediatamente do outro lado da consciência, onde o homem se acha entregue ao risco da ins-

231

---

7. KÖPGEN, G. Op. cit., p. 307 – o mesmo expressa de maneira muito adequada: "Jesus refere tudo ao seu Eu, mas este Eu não é o Ego subjetivo, e sim o Eu cósmico".

tância natural. Ele designa os símbolos da totalidade que daí provém com diversos nomes, conforme as épocas e os lugares.

232   Psicologicamente o si-mesmo foi definido como a totalidade psíquica do homem. Tudo aquilo que o homem supõe constituir, de per si, uma totalidade mais ampla, pode tornar-se símbolo do si-mesmo. Por isso o símbolo do si-mesmo jamais possui a totalidade exigida pela definição psicológica, mesmo a figura de Cristo, pois falta a esta o lado noturno da natureza psíquica, a escuridão do espírito e do pecado. Mas sem a integração do mal não existe a totalidade, da mesma forma que ela não pode "ser introduzida à força na mistura". Poderíamos então comparar o Cristo ao símbolo do μέσον (centro) da primeira mistura da alma do mundo [de que fala Platão] e assim Ele pertenceria a uma tríade, na qual o *uno* e indivisível são representados por Deus-Pai, e o divisível pelo Espírito Santo, o qual, como se sabe, dividiu-se em diversas línguas de fogo. Mas, de acordo com o *Timeu*, isto ainda não conduz a uma realidade concreta. Será preciso, portanto, uma segunda mistura.

233   A finalidade da evolução psicológica é tal, como na evolução biológica, a autorrealização, ou seja, a *individuação*. Visto que o homem só se percebe a si próprio como um ego, e o si-mesmo como totalidade, é algo indescritível, não se distinguindo de uma imagem de Deus, a autorrealização não é outra coisa em linguagem metafísica e religiosa, do que a *encarnação* divina. É isto precisamente que vem expresso na filiação de Cristo. Como a individuação significa uma tarefa heroica ou trágica, isto é, uma missão dificílima, ela implica o sofrimento, a *paixão do ego*, ou seja, do homem empírico, do homem comum, atual, quando entregue a um domínio mais amplo e despojado de sua própria vontade, que se julga livre de qualquer coação. Ele é como que violentado pelo si-mesmo[8]. Em face disto, a paixão analógica do Cristo significa que Deus sofre com a injustiça do mundo, com as trevas que envolvem o homem. O sofrimento do homem e o sofrimento de Deus formam uma complementaridade, da qual resulta um efeito compensador: graças ao símbolo, o homem pode conhecer o verdadeiro sentido de seu sofrimento: ele sabe que está a cami-

---

8. A este respeito cf. a luta de Jacó com o anjo na passagem do rio.

nho de realizar sua totalidade, mediante a seu ego é introduzido na esfera do "divino" como consequência da integração do inconsciente na consciência. Ele toma então parte no "sofrimento de Deus", cuja origem é a "Encarnação", isto é, aquele acontecimento que do lado humano corresponde à individuação. O nascimento humano do herói divino se acha de antemão ameaçado pela morte; ele não tem onde repousar a cabeça; sua morte é de uma tragicidade horripilante. O si-mesmo não é apenas um conceito abstrato, ou um postulado lógico, mas uma realidade psíquica que só é consciente até certo ponto, abrangendo também a vida do inconsciente, razão pela qual não é diretamente perceptível à observação, só podendo exprimir-se em símbolos. O drama da vida de Cristo nos dá uma descrição, através de imagens simbólicas, daquilo que se passa tanto na vida consciente como na vida que está além da consciência do homem, o qual é transformado por seu destino mais alto.

3. O Espírito Santo

As relações psicológicas do homem com o processo trinitário intradivino são indicadas, de um lado, pela natureza humana de Cristo e, de outro, pela efusão do Espírito Santo sobre os homens, predita e prometida pela mensagem, e pela inabitação desse mesmo Espírito no homem. A vida de Cristo constitui apenas um breve intervalo dentro da história, um simples anúncio e proclamação da "mensagem, mas é também uma demonstração exemplar daquelas vivências psíquicas ligadas à realização de Deus ou, mais precisamente, do si-mesmo. O essencial para o homem não é o δειχνύμενον ou o δρώμενον (O que foi mostrado e o que foi feito), mas o que vem depois da vida de Cristo, isto é, o fato do Espírito ter-se apoderado do indivíduo". 234

Mas aqui, precisamente, deparamos com uma grande dificuldade: quando tentamos penetrar mais a fundo a doutrina acerca do Espírito Santo (o que não ocorreu na Igreja, por razões compreensíveis), chegamos inevitavelmente à conclusão de que se o Pai se manifestou no Filho e se, juntamente com o Filho, Ele realiza um ato de espiração que é o Espírito Santo e se o Filho deixa este Espírito Santo como herança aos homens, o Espírito Santo produz um ato de espiração a partir do interior do homem; desta forma, espira entre o homem, o 235

Pai e o Filho. Deste modo, o homem é transportado para a esfera da filiação divina e a palavra de Cristo: "Sois deuses", aparece sob uma luz muito significativa (Jo 10,34). A doutrina referente ao Paráclito deixado expressamente como herança aos homens comporta também uma certa dificuldade. A fórmula triádica de Platão representaria, certamente, a última palavra do ponto de vista abstrato e lógico, mas de maneira alguma satisfaz no plano da psicologia, justamente porque o fato psicológico se faz sentir de maneira perturbadora. Por que nunca encontramos escrito: Pai, Mãe e Filho? Ora, isto seria muito "mais racional" ou "mais natural" do que dizer: Pai, Filho e Espírito Santo. A isto devemos responder que não se trata de uma situação puramente natural, mas de uma reflexão[9] humana que se acrescenta à sequência natural Pai-Filho. Esta reflexão é a vida despojada do elemento natural, bem como de sua alma específica, que foi reconhecida como possuindo uma existência à parte. *O Pai e o Filho se acham unidos numa só e mesma alma* ou num só e mesmo poder procriador (o Ka-mutef), segundo a antiga versão egípcia. Esta última figura representa, há muito, aquela mesma hipostasiação de um atributo, como *espiração* (*spirare*) ou sopro da divindade[10].

A realidade psicológica perturba a perfeição abstrata da fórmula trinitária e a transforma num sistema que não pode ser enunciado de forma lógica e sistemática e ao qual se acha ligado, de maneira inesperada e misteriosa, um importante processo da reflexão humana. O Espírito Santo, como sopro vital e como relação amorosa, e ao mesmo tempo como terceira pessoa divina com sua significação de "ter-

---

9. O termo "reflexão" não deve ser entendido como simples ato de pensar, mas como uma *atitude*. A reflexão é uma atitude de prudência da liberdade humana, face à necessidade das leis da natureza. Como bem o indica a palavra "reflexio", isto é "inclinação para trás", a reflexão é um ato espiritual de sentido contrário ao do desenvolvimento natural; isto é um deter-se, procurar lembrar-se do que foi visto, colocar-se em relação e em confronto com aquilo que acaba de ser presenciado. A reflexão, por conseguinte, deve ser entendida como uma tomada de consciência.

10. A *spiratio activa* (respiração ativa) é uma atividade vital, um ato imanente do Pai e do Filho; a *spiratio passiva* (respiração passiva), pelo contrário, é uma propriedade do Espírito Santo. Segundo Santo Tomás, a espiração não promana do intelecto, mas da vontade do Pai e do Filho. Em relação ao Filho, o Espírito não é uma espiração, mas um ato gerador do Pai.

ceiro elemento" e ponto culminante do processo intratrinitário, é essencialmente um *dado reflexo*, tendo sido acrescentado à imagem natural da relação Pai-Filho como numeno hipostasiado. Sob este aspecto, é muito significativo o fato de que o gnosticismo dos primeiros tempos da Igreja procurasse contornar esta dificuldade interpretando o Espírito Santo como mãe[11]. Mas isto seria recair, de um lado, na imagem natural arcaica, no Triteísmo e também no politeísmo do mundo do Pai. De fato, nada mais natural que o Pai tenha uma família e que o Filho volte a encarnar a figura do Pai. Esta ordem de ideias corresponde ao mundo do Pai. Por outro lado, porém, a interpretação do Espírito Santo como mãe reduz seu sentido específico ao de uma imagem primordial, e justamente por isto destrói aquilo que é o conteúdo essencial da ideia do Espírito Santo. Ele não é somente a vida comum entre o Pai e o Filho; é também o *Paráclito que o Filho deixou como herança aos homens*, para que desse testemunho e produzisse dentro deles os efeitos da filiação divina. Realmente, é de máxima importância que a ideia do Espírito Santo não constitua uma *imagem natural*, mas sim um conhecimento, um conceito abstrato da vida do Pai e do Filho, como terceiro elemento existente entre o Uno e o Outro. A vida sempre extrai da tensão da dualidade um terceiro elemento desproporcional e paradoxal. Por isso, na sua qualidade de *tertium* o Espírito Santo é necessariamente desproporcional e paradoxal. Ao contrário do Pai e do Filho, ele não tem um "nome" especial, nem caráter definido. É uma função e, como tal, é a terceira pessoa da divindade.

Ele é *psicologicamente heterogêneo*, por não derivar logicamente da relação Pai-Filho, mas pelo fato de só poder ser *entendido*, como representação, *à base de um processo de reflexão humana*. Na verdade, trata-se de um conceito "abstrato", pois uma espiração comum a duas figuras diversamente caracterizadas e não permutáveis dificilmente poderia ser considerada como um fato evidente. Por este motivo, esta espiração comum é vista mais como uma elaboração artifi-

---

11. Cf. *Atos de Tomé* (HENNECKE, E. *Neutestamentliche Apokryphen*, 1924, p. 270): "Vem, comunidade [esposa] do masculino; Vem, comunidade santa, conhecedora dos mistérios dos eleitos... Vem, Pomba santa, que geras os pombinhos gêmeos; Vem, Mãe secreta..." (De uma Prece eucarística).

cial de conceitos, a qual, como nos mostra o Ka-mutef do Egito antigo, parece pertencer à essência da Trindade. Embora seja óbvio que a presença deste conceito é o resultado de uma reflexão humana, tal reflexão não constitui necessariamente um ato consciente. Ela pode muito bem provir de uma "revelação", isto é, de uma reflexão inconsciente[12], fruto de uma atividade autônoma do inconsciente, ou melhor, do si-mesmo, cujos símbolos, como vimos, não podem ser separados das imagens de Deus. É por isso que a interpretação religiosa insistirá na revelação divina desta hipótese, contra a qual a psicologia nada pode objetar, embora se atendo firmemente à sua natureza inteligível; pois afinal de contas a Trindade é o resultado de um paulatino e assíduo trabalho do espírito, ainda que predeterminado pelo arquétipo intemporal.

238   Este processo de separação e de reconhecimento, ou de atribuição de propriedades, é uma atividade intelectual que, embora inicialmente se desenvolva de maneira inconsciente, passa gradativamente para a consciência, à medida que vai se realizando. Deste modo, aquilo que, de início, escandaliza a consciência, é integrado mais tarde como sua atividade própria. Enquanto um processo intelectual ou simplesmente físico permanece inconsciente, é regido pela lei das disposições arquetípicas das quais resulta o si-mesmo. Mas como é impossível distinguir entre este último e uma imagem (arquetípica) de Deus, podemos dizer que tal disposição corresponde às leis da natureza, ou que é um ato da vontade divina. (Toda e qualquer afirmação de caráter metafísico é, *eo ipso*, indemonstrável). Como porém o conhecimento e o julgamento correspondem a uma propriedade necessária da consciência, um certo acúmulo de atos inconscientes desta espécie produz um fortalecimento e uma ampliação da consciência, como se pode verificar facilmente por meio de qualquer análise meticulosa do inconsciente[13]. Por isso, a tomada de consciência por parte do homem aparece como o resultado de processos arquetípicos predeterminados em linguagem metafísica, como uma parte do processo vital divino. Em outros termos: Deus se manifesta no ato humano de reflexão.

---

12. A respeito da aparente contradictio in adjecto (contradição nos próprios termos), cf. minha explanação em: *Theoretische Überlegungen zun Wesen des Psychiscnen*.

13. A existência de tais processos resulta dos conteúdos oníricos.

A natureza desta concepção (a hipostasiação de um atributo) corresponde à necessidade fundamental que o pensamento primitivo tinha de criar uma representação mais ou menos abstrata, atribuindo à qualidade que devia ser isolada uma existência autônoma e concreta. Assim pois, enquanto o Espírito Santo é um legado deixado aos homens, seu conceito, pelo contrário, é um nascimento do homem, com todas as características do procriador humano. Da mesma forma pelo qual Cristo assumiu a natureza do homem corporal assim também o Espírito Santo introduz imperceptivelmente o homem, enquanto potência espiritual, no mistério trinitário, colocando a Trindade muito acima do caráter puramente natural da tríade e também acima da tríade platônica e sua unidade. A Trindade se manifesta, portanto, como um símbolo que abrange a natureza divina e humana. Ela é, como afirma Köpgen[14], "uma revelação não só de Deus, mas também do homem".

239

Na interpretação gnóstica do Espírito Santo como mãe há um núcleo de verdade, pois Maria foi envolvida, enquanto instrumento do nascimento divino e consequentemente enquanto ser humano, no drama trinitário. É por isto que a figura da Mãe de Deus pode ser considerada como o *símbolo* da participação essencial da humanidade na Trindade. A justificação desta hipótese se baseia na circunstância de que o pensamento humano, que originariamente se baseava na autorrevelação do inconsciente, é concebido como a manifestação de uma instância extraconsciente. Para o primitivo, o pensamento se dá como um acontecimento, e nós mesmos consideramos certas ideias súbitas, particularmente brilhantes, como inspirações (sopros). Quando as ideias e, de modo especial, os juízos e conhecimentos são transmitidos à consciência por uma atividade inconsciente, intervém, como se observa frequentemente, o arquétipo de uma figura feminina, da *anima*, da mãe e amada. A impressão é de que a inspiração vem da mãe ou da amada, da *femme inspiratrice* [a mulher inspiradora]. Daí talvez a tendência do Espírito Santo de trocar o seu neutro τὸ πνεῦμα pelo feminino. (Aliás a palavra hebraica que significa espírito: *ruah* é

240

---

14. Em: *Die Gnosis dês Christentums*, 1939, p. 194.

preponderantemente do gênero feminino). O Espírito Santo e o *Logos* se confundem quando se trata do conceito de Sophia e de *Sapientia* (Sabedoria) na Filosofia Natural da Idade Média. A respeito desta se lê: *In gremio matris sedet sapientia patris*[15]. Estas relações psicológicas abriram o caminho para a interpretação do Espírito Santo como mãe, mas em nada contribuíram para a compreensão da figura do Espírito Santo em si, pois não se vê de que modo a mãe poderia funcionar como terceiro elemento, quando deveria ser o segundo.

241 Sendo uma hipóstase do *Vivente*, resultante do processo de reflexão, o Espírito Santo, justamente em decorrência de sua natureza peculiar, aparece como um terceiro elemento isolado e mesmo desproporcional, o qual, justamente por causa desta sua qualidade, indica que não é um compromisso nem um acréscimo de caráter meramente triádico, mas sim a dissolução que logicamente não se esperava, da tensão que reina entre o Pai e o Filho. Mas o fato de que tenha sido o processo humano de reflexão que, contra toda racionalidade, criou o terceiro elemento unitivo, decorre da própria natureza da salvação; a divindade desce ao domínio do humano e o homem se eleva por sua vez ao domínio da divindade.

242 O pensamento que gira em torno da ideia da Trindade, ou pensamento trinitário, é uma expressão do Espírito Santo, pois em princípio não se trata da mera subtileza de ideias e conceitos, mas de dar expressão a um acontecimento psicológico de incalculável potencialidade. As forças propulsoras que aí atuam não são fatores conscientes; brotam de um acontecimento histórico, cujas raízes se encontram por sua vez naqueles pressupostos psíquicos obscuros, que dificilmente poderíamos expressar melhor e mais sucintamente do que dizendo que são uma "transformação do Pai no Filho", da unidade na dualidade, do estado de irreflexão no da crítica. Como no pensamento trinitário faltam os temas pessoais, e como suas forças propulsoras provêm de estados psicológicos coletivos e impessoais, ele exprime uma *necessidade da alma inconsciente*, que ultrapassa as exigências pessoais. Foi desta necessidade que se originou, mediante a

---

15. (No seio da Mãe repousa a Sabedoria do Pai).

ação do pensamento, o símbolo trinitário destinado a servir de fórmula salvadora da totalidade que convinha à transformação correspondente de uma época de mudanças. Em todos os tempos o homem considerou como demoníaca, divina, "sagrada", salvadora ou totalizante a manifestação de uma atividade da alma não provocada nem desejada por ele. Na realidade, as representações de Deus assim como todas as imagens oriundas do inconsciente se comportam de maneira compensatória ou complementar em relação à disposição fundamental, ou à atitude global do homem num dado momento; somente com o seu aparecimento se cumpre uma totalidade psíquica no homem. O "homem-somente-consciência" ou o "homem ego" é apenas um fragmento da totalidade, pois dá a impressão de existir sem ligação com o inconsciente. Entretanto, quanto mais dividido estiver o inconsciente, mais vigorosas serão as formas com que ele se contraporá à consciência; se não for sob a forma de figuras divinas, será sob a forma desfavorável das possessões (obsessões) e dos afetos mórbidos[16]. Os deuses são personificações de conteúdos inconscientes, pois sempre se revelam através de uma atividade inconsciente da

---

16. Na secção intitulada "De exorcizandis obsessis a daemonio" (Do exorcismo dos possessos do demônio), o Ritual Romano distingue claramente entre enfermidades comuns e possessão diabólica. Adverte-se que o Exorcista deve conhecer os sinais pelos quais o possesso se diferencia daqueles "qui vel atra bile, vel morbe aliquo laborant" (que sofrem de alguma melancolia ou de uma doença interna). Os critérios para saber se uma pessoa está possessa são os seguintes: "ignota lingua loqui pluribus verbis vel loquentem intelligere; distantia et occulta patefacere; vires supra aetatis seu conditionis naturam ostendere et id genus alia" (...falar fluentemente uma língua desconhecida ou entender quem a está falando; revelar coisas que se acham à distância, ou ocultas; demonstrar forças que estejam acima das condições normais da idade ou da natureza do paciente, ou outras coisas do mesmo gênero). Estes critérios, quanto ao essencial, são de natureza parapsíquica. O conceito da Igreja a respeito da possessão diabólica limita-se, portanto, a pouquíssimos e raríssimos casos, ao passo que emprego este conceito num sentido muito mais amplo, para designar um sintoma psíquico que ocorre com muita frequência: todo e qualquer complexo relativamente autônomo, não submetido, portanto, à vontade consciente, ocasiona uma obsessão na consciência proporcional à sua autonomia, limitando a liberdade desta última. A respeito da questão relativa à distinção que a Igreja faz entre enfermidade e possessão (Obsession) cf. Jos. de Tonquédec, *Les maladies nerveuses* ou *mentales et les manifestations diaboliques*.

alma[17]. O pensamento trinitário desta espécie era, com sua profundidade apaixonante, que suscita em nós, seus descendentes tardios, uma admiração ingênua. Atualmente, não sabemos mais reconhecer as profundezas da alma nem avaliar em que medida foram convulsionadas por uma época de grandes transformações. Por isso, tem-se a impressão de que o Espírito se extinguiu, sem haver recebido a resposta que sua pergunta propôs à humanidade.

---

17. Frequentemente deparo com a ideia de que o tratamento ou a interpretação psicológica reduzem Deus à mera Psicologia. Mas não se trata absolutamente de Deus, mas de suas representações, como sempre tenho acentuado. São as pessoas que possuem tais representações e fabricam tais imagens; e são coisas desta natureza que pertencem justamente à Psicologia.

V
O problema do quarto componente

1. A ideia de uma quaternidade

O *Timeu*, primeira obra que esboçou uma fórmula filosófica trinitária para a imagem de Deus, começa com uma pergunta: "Um, dois, três, mas o quarto... onde é que está? O *Fausto*, como se sabe, assumiu esta pergunta na cena dos Cabiros:

"Nós trouxemos três,
O quarto não quis vir conosco:
Ele diz que é o único verdadeiro,
Que pensa por todos os outros".

Quando Goethe diz que o "quarto é o que pensa por todos os outros", temos a impressão de que este quarto seja o próprio pensamento de Goethe[1]. Os Cabiros são verdadeiramente as forças secretas da imaginação criadora, os duendes que trabalham subterraneamente na região subliminar de nossa psique, para prover-nos de "ideias súbitas", e que à maneira dos Kobolds pregam todos os tipos de peças, roubando de nossa memória e inutilizando datas e nomes que "tínhamos na ponta da língua". Eles se encarregam de tudo quanto a consciência e as funções de que ela dispõe não anteciparam. Como tais funções só podem ser usadas pela consciência quando forem adequadas, se a função inconsciente e, por isso mesmo, autônoma, não estiver sendo usada, por impossibilidade, é pelo fato de não ser adequada. Compreende-se que se prefiram as funções diferenciadas ou dife-

---

1. "O sentimento é tudo; o nome é som e fumaça". (O problema do quarto elemento no *Fausto* é discutido também em *Psychologie und Alchemie*, 1952, p. 218ss. [*Psicologia e alquimia*. OC, 12, § 203ss.).

renciáveis, e se deixem de lado ou inclusive se recalquem as funções ditas secundárias ou inferiores porque estas são embaraçosamente inadequadas. Na realidade, estas funções têm uma tendência muito acentuada a comparecer revestidas de um caráter infantil, comum, primitivo ou arcaico. Quem se preza, terá o cuidado de não cair no ridículo devido à coisas desta espécie. Uma consideração mais atenta permitirá que descubramos precisamente nos motivos primitivos e arcaicos da função inferior determinadas significações e relações simbólicas significativas, sem que zombemos dos Cabiros tal como se fossem ridículos "Pequenos Polegares" sem importância; pelo contrário, devemos suspeitar que eles encerram um tesouro de sabedoria escondida. Da mesma forma que no *Fausto*, o *quarto* pensa por todos os outros, assim também o *oitavo* deve ser "interrogado", até mesmo "no Olimpo". Goethe teve a grande inspiração de não subestimar sua própria função inferior, embora ela se achasse nas mãos dos Cabiros, sendo por isso, sem a menor sombra de dúvidas, de caráter mitológico e arcaico. O quarto foi caracterizado de maneira muito feliz: "o quarto não quis vir conosco". Ele preferiu ficar por aí, em algum lugar, atrás ou embaixo[2].

245   Três das quatro funções de orientação psíquica se acham ao alcance da consciência. Isto concorda com a experiência psicológica segundo a qual um tipo racional, por exemplo, cuja função mais diferenciada (superior) é o *pensamento* (no sentido de "intelecto"), dispõe também de uma ou duas funções auxiliares de natureza irracional, ou sejam a sensação (no sentido de *fonction du réel* [função do real] e a intuição (no sentido de "percepção por meio do inconsciente"). Sua função inferior, portanto, é o *sentimento* (a função do valor), que se acha num estado de regressão, contaminado pelo inconsciente. Ele não vem com os outros, e muitas vezes nos surpreende, seguindo seus próprios caminhos. Esta estranha cisão é, ao que parece, uma aquisição cultural e indica que a consciência se libertou da prisão demasiado estreita do espírito pesadume. Quando o indivíduo deixar para trás e mesmo esquecer a função que ainda continua indissoluvelmente ligada ao passado e

---

2. A este respeito, cf. a doutrina da função pouco valorizada em: *Psychologische Typen*. Definições (*Tipos psicológicos*, OC, 6).

às raízes noturnas da psique e que remontam até o reino animal[3], adquirirá uma nova liberdade que nada tem de ilusório, mas o capacita a transpor abismos com a celeridade do vento. Graças à abstração, ele pode se libertar do jugo das impressões sensoriais, das emoções, das ideias fascinantes e dos pressentimentos. Certos ritos primitivos de iniciações sublinham o processo da transmutação em "espíritos" e no "invisível", indicando com isto a relativa emancipação da consciência das peias da indeferenciação. Embora o impulso propiciador, que não é característico apenas das religiões primitivas, refira-se mais a um processo de transformação completa, de renovação total, trata-se sempre, é claro, de uma relativa mudança, que conserva amplamente sua vinculação com o passado. Se não fosse assim, toda mudança de caráter religioso deveria conduzir a uma dissolução total da personalidade ou a uma perda da memória, o que evidentemente não acontece. A conexão com a atitude primitiva é mantida pela circunstância de que uma parte da personalidade permanece na situação precedente, isto é, no estágio de inconsciência, e configura a *sombra*[4]. É sensível a perda no domínio da consciência, por faltar pelo menos *uma* das quatro funções de orientação, e justamente a função oposta à função superior ou principal. A "falha" nem sempre aparece como uma ausência total, isto é, a função secundária pode ser inconsciente ou consciente, mas é autônoma e obsessiva, e jamais se deixa influenciar pela vontade. Apresenta o caráter de *all-or-none* (tudo ou nada) dos instintos. Embora a emancipação do instinto signifique uma diferenciação e elevação da consciência, ela só se efetua às custas da função inconsciente e por isso falta na orientação consciente aquele aspecto que poderia ter sido proporcionado pela função de "menor

---

3. Cf. o hino de Valentino (ca. 150):
"Penso como todas as coisas foram produzidas pelo Pneuma: / A carne que depende da alma, a alma erguida pelo ar, / O ar que depende do éter, / Os frutos que as profundezas produzem, / Uma criança que nasce do seio materno".
Em: SCHULTZ, W. *Dokumente der Gnosis*, 1910, I, p. XLVIII. Cf. Tb. a προσφνής ψυχή, de Isidoro. Ele admitia que se achavam na alma toda espécie de qualidades *animalescas* que a ela aderem, à maneira de "excrescências".

4. A este respeito cf. o símbolo alquimista da *umbra solis* (sombra do Sol) e a ideia gnóstica do *Chistus natus non sine quadam umbra* (o Cristo gerado não sem uma certa sombra).

importância". Assim é que pessoas de admirável amplitude de consciência sabem menos a respeito de si próprias do que uma criança; tudo isto porque "o quarto não quis vir": ficou em cima ou embaixo, no reino do inconsciente.

246   Ao contrário do pensamento trinitário de Platão, a velha Filosofia grega pensava em *termos de quaternidade*. Em Pitágoras não é a tríade que desempenha o grande papel, mas a quaternidade, como, por exemplo no chamado juramento pitagórico, o qual proclama que o número quatro, a *tetraktys*, tem "as raízes[5] da natureza eterna". Na escola pitagórica também domina a ideia de que a alma é um quadrado e não um triângulo. A origem desta opinião jaz nas trevas do passado do pensamento helênico. A quaternidade é um arquétipo que se encontra, por assim dizer, em toda a parte e em todos os tempos. É pressuposto lógico de todo e qualquer *julgamento de totalidade*. Quando se quiser pronunciar um julgamento desta espécie, ele deverá ter quatro aspectos. Por exemplo: para designar a totalidade do horizonte, devemos mencionar os quatro pontos cardeais. A tríade é um esquema ordenador *artificial*, e não natural. Por isso trata-se sempre de quatro elementos, de quatro qualidades primitivas, de quatro cores, de quatro castas na Índia, de quatro caminhos (no sentido da evolução espiritual) no Budismo. Por esta razão há também quatro aspectos psicológicos de orientação psíquica, além dos quais nada de fundamental se pode dizer. Para orientarmo-nos psicologicamente, precisamos de quatro funções: a primeira nos diz se existe alguma coisa; a segunda indica-nos em que consiste esta coisa; a terceira nos diz se tal coisa nos convém ou não, se a queremos ou não, e uma quarta nos diz de onde provém tal coisa e qual o seu destino. Fora disto, nada mais se tem a dizer. Em Schopenhauer já encontramos a demonstração de que o princípio da razão suficiente contém uma quádrupla raiz[6]. E isto precisamente porque o aspecto quaternário constitui o mínimo exigido para a perfeição integral de um julgamento. O ideal de perfeição é o *redondo*, o círculo, mas sua divisão natural e mínima é a quaternidade.

---

5. Os quatro ʽριζώματα de Empédocles.
6. SCHOPENHAUER, A. *Über die vierfache Wurzel des Satzes vom zureichenden Grunde.*

Se – esse não é o caso – o conceito trinitário de Platão fosse idêntico ao da Trindade cristã[7], e se, por isso mesmo, Platão colocasse sua tríade acima de tudo, poderia-se argumentar que tal julgamento não é um julgamento de totalidade. Teria excluído um quarto elemento necessário; e se por acaso Platão considerasse a figura de três lados como uma representação ideal do Belo e do Bem e lhe atribuísse todas as qualidades positivas, teria-lhe retirado o Mal e a imperfeição. Onde então este ficou? O pensamento cristão responde a esta pergunta, explicando que o Mal é uma *privatio boni* (a privação de um bem). Esta fórmula clássica nega que o Mal tenha existência absoluta, e o transforma em sombra que goza somente de uma existência relativa e dependente da luz. Ao Bem, pelo contrário, atribui existência e caráter positivos. A experiência psicológica nos mostra que o "Bem" e o "Mal" constituem o par de contrários do chamado julgamento moral e que enquanto tal tem sua origem no próprio homem. Como sabemos, só se pode emitir um julgamento quando é possível o seu oposto em termos de conteúdo. A um Mal aparente só se pode contrapor um Bem igualmente aparente, e um Mal não substancial só pode ser anulado por um Bem igualmente não substancial. Um existente se contrapõe a um não existente, mas nunca um Bem existente pode contrapor-se a um Mal não existente, pois este último é uma *contradictio in adjeto* (uma contradição nos próprios termos) e gera uma desproporcionalidade em relação ao bem existente: de fato, um mal não existente (negativo) só pode contrapor-se a um bem igualmente não existente (positivo). Dizer que o Mal é mera *privatio boni* nada mais é do que negar a antinomia Bem-Mal. Como se poderia falar de um "bem", se não existisse igualmente um "mal"? Como falar de um "claro" sem um "escuro", de um "em cima" sem um "embaixo"? A conclusão inevitável é a de que, se atribuímos um caráter substancial ao Bem, devemos também atribuí-lo ao Mal. Se o Mal não é substancial, o Bem não passa de algo vago, porque não tem de se defender de um adversário substancial, mas unicamente de uma sombra, de uma *privatio boni*. Uma concepção desta espécie dificil-

---

7. A quaternidade aparece em Platão no Cubus (cubo) atribuído à *Terra. Lübu We* afirma: "O caminho do Céu é circular, o da terra é anguloso" [Em: *Frühling und Herbst des Lü Bu We*. 1928, p. 38 – Tradução alemã de Richard Wilhelm].

mente se ajustará à realidade observável. Não se pode evitar a impressão de que tendências apotropaicas tenham influído na formação destas opiniões, com a compreensível preocupação de resolver de maneira mais otimista possível o espinhoso problema do Mal. E muitas vezes o consegue tão bem, que o cavaleiro passa por cima do lago congelado sem se dar conta do perigo em que se encontra.

248 Uma outra concepção acerca do Mal nos diz que ele tem *substância* e *personalidade*, como *demônio* ou *lúcifer*. Há uma crença segundo a qual o Demônio é apenas uma espécie de *Kobold* maligno e que a transforma, assim, num chefe de tribo insignificante de silvanos e gênios travessos. Uma outra concepção lhe atribui maior dignidade, a ponto de identificá-lo simplesmente com o Mal em geral. A questão de saber se podemos identificar o "Mal" com o "Maligno" é controversa. A Igreja distingue entre o *Mal físico* e o *Mal moral*. O primeiro pode ter sido desejado por Deus e pela Providência Divina (para corrigir o homem, por exemplo), mas o segundo não, porque Deus não pode querer o pecado, nem mesmo como meio em vista de um fim. É difícil demonstrar nos casos concretos esta concepção da Igreja, pois para ela as perturbações psíquicas e somáticas são "males" ao mesmo tempo morais e físicos, enquanto enfermidades do homem. De qualquer modo, há uma opinião segundo a qual o demônio, embora tenha sido *criado*, é *autônomo e eterno*. Além disto, é o *adversário de Cristo*, que, com a infecção dos primeiros pais pelo pecado original, introduziu a corrupção na criação e tornou necessária a encarnação de Deus como obra de salvação da humanidade. Aqui, o diabo agiu livremente e a seu bel-prazer, como no caso de Jó, em que chegou inclusive a convencer Deus. Esta eficácia poderosa do diabo dificilmente se ajusta à sua existência de sombra, que lhe é atribuída como *privatio boni*, a qual, como já disse, parece um eufemismo. O diabo, como pessoa autônoma e eterna, corresponde mais ao seu papel de adversário de Cristo e à realidade psicológica do Mal.

249 Mas se o diabo pode pôr em questão o sentido da obra da criação divina e corrompê-la, e se Deus não o impede de continuar nesta nefasta atividade, jogando com a livre decisão do homem, sabidamente inepto e inconsciente, é porque o espírito maligno, apesar da segurança de ambas as partes, representa um fator de potencialidade verdadeiramente imprevisível. Em todo o caso, é patente o dualismo dos

sistemas gnósticos, os quais procuram fazer justiça ao significado real do Mal. Estes sistemas possuem também o mérito de terem sido os primeiros a se ocuparem do problema do πόθεν τὸ χαχόν[8].·A tradição bíblica deixa aqui muita coisa obscura e é muito compreensível que os velhos teólogos não se tenham apressado, com o advento do Iluminismo, no tocante ao problema do domínio do Mal. Num sistema monoteísta tudo o que se opõe a Deus não pode derivar senão do próprio Deus. Isto era pelo menos chocante, e por isso devia ser evitado. Esta é a razão mais profunda pela qual o diabo, esta instância de sua influência, não tenha encontrado acolhida no cosmos trinitário. Não se pode dizer com certeza que relação ele guarda com a Trindade. Como Adversário de Cristo, deveria ocupar uma posição antinômica correspondente e ser também um "Filho de Deus[9]. Isto nos levaria diretamente a certas concepções gnósticas segundo as quais o Diabo, que chamavam de Satanael[10], era o primeiro Filho de Deus e Cristo o segundo[11]. Outra consequência lógica seria a abolição da fórmula trinitária e sua substituição por uma quaternidade.

A ideia de uma quaternidade dos princípios divinos foi combatida com a maior veemência pelos santos padres, quando se tentou, por exemplo, adicionar a *essência* de Deus como quarto elemento às três pessoas divinas. Esta cerrada oposição é tanto mais estranha, quando se sabe que o símbolo central do Cristianismo, a *Cruz*, é evidentemente uma quaternidade. Mas ela representa também o sofrimento de Deus em imediata conexão com o mundo[12]. O "Príncipe deste mundo" (*princeps huius mundi*: Jo 12,31; 14,30), como se sabe, é o diabo, que se impõe ao Homem-Deus, embora, com isto,

250

---

8. (De onde é que vem o Mal?).
9. No seu estudo, *Die Gestalt des Satans im Alten Testament*, Riwkah Schärf nos mostra que satanás é verdadeiramente um dos Filhos de Deus, mas no sentido do Antigo Testamento.
10. O sufixo -el significa "deus"; portanto, Satanael = "Satan-Deus".
11. PSELLUS, M. *De Daemonibus*. 1497. fol. NVv. ed. M. Ficinus. Cf. Tb. EPIFÂNIO. *Panarium*: In: MIGNE, J.P. Patr. gr., T. 41, cols. 406ss.
12. A este respeito, cf. as meditações de Przywara sobre a cruz e sua relação com Deus, em: *Deus Semper Maior*. No que se refere à interpretação da Igreja antiga, cf. Acta S. Joannis. In: HENNECKE. *Neutestamentliche Apokryphen*, p. 171.

como se crê, tenha preparado sua própria derrota, cavando seu próprio túmulo. Também, de acordo com uma antiga concepção, Cristo é a "isca colocada no anzol" (a Cruz) com o qual Deus apanha o "Leviatã" (o diabo)[13]. Por isso convém ter presente que a Cruz representa precisamente o conflito entre Cristo e o diabo, e foi por este motivo levantada exatamente no centro do universo, entre o céu e o inferno, correspondendo à quaternidade.

251   A iconologia da Idade Média, desenvolvendo as especulações a respeito da θεοτόχος (Mãe de Deus), imaginou um símbolo quaternário, mediante as representações da coroação de Maria[14], e o introduziu, por assim dizer de mansinho, no lugar da Trindade. A *Assumptio Beatae Mariae Virginis* (Assunção da Bem-Aventurada Virgem Maria) significa que a alma de Maria foi introduzida no céu juntamente com o corpo, e é uma doutrina admitida pela Igreja, embora não tenha sido fixada como dogma[15]. Cristo foi elevado também aos céus em corpo e alma, mas aqui existe algo bastante diferente, pois Cristo é Deus, o que não se pode dizer de Maria. No caso desta, tratar-se-ia de um corpo muito mais material, isto é, de uma realidade ligada ao es-

---

13. LANDSBERG, H. *Hortus Deliciarum*. Cf. *Psychologie und Alchemie*, secção 28. (*Psicologia e alquimia*, vol. 12).

14. Op. cit., 1952, p. 289ss. [OC, 12, § 316ss.; cf. Tb. *Psicologia e religião*, trad. bras. Vozes, § 122].

15. Esta doutrina passou da fase da conclusão *probabilis* e agora se acha na fase da conclusio certa, à qual só está faltando a *definitio sollemnis*. Na *assumptio* (Assunção de Maria aos céus) trata-se de um assim chamado *revelatum implicitum* (revelação implícita), isto é, não há uma passagem explicitamente revelada a respeito, da mesma; o conteúdo original da revelação foi-se esclarecendo e desenvolvendo paulatinamente (Cf. WIEDERKEHR, K. *Die leibliche Aufnahme der allerseligsten Jungfrau Maria in der Himmel*). Do ponto de vista da Psicologia e da história dos símbolos, esta teoria implica uma reconstituição lógica e consequente da situação arquetípica na qual o estado glorioso de Maria se acha, de fato, implicitamente revelado e por isto mesmo deve tomar-se conclusio certíssima com o passar do tempo.
(Esta nota foi escrita em 1948. dois anos antes da proclamação do dogma. A assunção corporal de Maria ao céu foi alçada à categoria de dogma em novembro de 1950. pela *Constituição Apostólica Munificentissimus Deus* [*Acta Apostolicae Sedis*, Roma. XLII, p. 753ss.] do Papa Pio XII; na Encíclica *Ad Caeli Reginam*. de 11 de outubro de 1954, o mesmo Papa estabelece uma dia a ser celebrado solenemente todos os anos em honra da *regalis dignitas* (dignidade régia) de Maria na sua qualidade de Rainha do Céu e da Terra *Acta Apostolicae Sedis*, XLVI. p. 625ss.

paço e ao tempo, o que não é precisamente o caso de Cristo[16]. Desde o *Timeu*, o quarto elemento implica uma "realização" e, consequentemente, uma passagem a um estágio essencialmente diverso, ou seja, a passagem para a materialidade cósmica, a qual, segundo um pronunciamento autorizado, está submetida ao *princeps huius mundi* [ao Príncipe deste mundo]. A matéria, com efeito, é o extremo oposto do espírito. É verdadeiramente a morada do Diabo, que tem o seu inferno e o fogo de sua fornalha no interior da terra, ao passo que o espírito luminoso paira no éter, livre das cadeias da gravidade terrestre.

A *Assumptio Mariae* significa uma preparação, não apenas para a divindade de Maria[17], mas também para a quaternidade. Ao mesmo tempo, a matéria é transposta para o reino da Metafísica e juntamente com ela o princípio corruptor deste mundo, o Mal. Pode-se considerar a matéria como originariamente pura e, em princípio, capaz de pureza, mas isto não excluiria o fato de que a matéria indica, pelo menos, a *certeza* dos pensamentos de Deus, possibilitando, por conseguinte, o processo de individuação com todas as suas sequências. Por esta razão é que o adversário foi imaginado de algum modo, logicamente, como alma da matéria, pois esta, do mesmo modo que o Diabo, representa aquela oposição dos contrários sem a qual é simplesmente impensável a autonomia da existência individual. O diabo se caracteriza pela sua oposição e pelo fato de querer sempre o contrário, do mesmo modo que a desobediência caracteriza o pecado original. Como já foi dito, são estes os dois pressupostos da obra da criação e portanto deveriam estar inscritos no plano divino e incluídos na esfera do divino[18]. A definição cristã de Deus como *summum bonum* (sumo bem) exclui, *a priori*, o Maligno, o qual, segundo o

252

---

16. O arrebatamento do corpo de Maria ao Céu aparece como constituindo um início, mas não foi o primeiro caso desta natureza, pois Henoc e Elias também foram arrebatados em seus corpos, e muitos santos ressuscitaram no instante em que Cristo morreu.

17. Podemos considerar esta divindade como uma conclusio probabilis tácita, e o culto de Maria também como uma adoratio ou προσχύνησις.

18. Köpgen se expressa de maneira semelhante: "A essência do diabo consiste em odiar a Deus, e Deus permite este ódio. Existem duas coisas que só uma onipotência divina torna possíveis: o ódio de satanás e a existência do indivíduo humano. Ambas as coisas nos revelam uma essência inteiramente opaca, como opaca é sua relação para com Deus". *Die Gnosis des Christentums*, 1939, p. 185.

pensamento do Antigo Testamento, era um dos *Filhos* de Deus. Assim, o diabo ficou fora da ordem trinitária e em oposição a ela. A representação de Deus com três cabeças corresponde um caráter tricefálico de satanás, como, por exemplo, aparece em Dante. Isto implica uma Antitrinidade, uma verdadeira *umbra trinitatis*, em analogia com o Anticristo[19]. O diabo é, indubitavelmente, uma figura incômoda e desagradável. Ele se acha como que colocado de través na ordem cristã do mundo. É por isto que se evita considerar seu significado, recorrendo-se, de preferência, a diminutivos eufemísticos ou mesmo deixando-se de encará-lo frontalmente e mais ainda: pondo-o por conta do homem, e isto precisamente por parte de pessoas que protestariam com veemência se o homem pecador tivesse a pretensão de atribuir a si mesmo a origem de todo o Bem. Basta um relance de olhos nos textos sagrados para vermos a importância de que se acha revestido o diabo no drama divino da Redenção[20]. Se o poder do Maligno fosse tão pequeno, como pretendem alguns, o mundo não teria precisado que a própria divindade descesse até ele, ou estaria em poder do homem tornar o mundo bom, o que não aconteceu até o dia de hoje.

253 Seja qual for a posição metafísica do diabo, o Mal, no âmbito da realidade psicológica, significa uma limitação efetiva e mesmo ameaçadora do Bem, de modo que nada adiantaria dizer que não é somente à noite e o dia que se contrabalançam neste mundo, mas também o Bem e o Mal, e que este é o motivo pelo qual a vitória do Bem implica sempre uma atuação especial da graça.

254 A não ser o dualismo estranho dos persas, não há uma figura do diabo propriamente dito nos primórdios da evolução espiritual da humanidade. No Antigo Testamento há um esboço dele na figura de

---

19. O titulo de uma obra moderna: SOSNOSKY, T. *Die rote Dreifaltigkeit: Jakobiner und Bolscheviken*, nos mostra, por exemplo, como semelhantes representações se acham vivamente arraigadas na mente humana.

20. As teorias de Köpgen, sob certos aspectos, não se acham muito longe das minhas. Assim, por exemplo, ele diz que satanás "age, por assim dizer, como força de Deus". "No mistério do Deus em três pessoas manifesta-se uma liberdade divina com todas as suas profundezas essenciais, a qual torna possível a ideia de um diabo pessoal, ao mesmo tempo paralelo e contrário a Deus" (Op. cit., p. 186).

Satanás. O verdadeiro diabo só vai aparecer como *Adversário de Cristo*[21], e com isto se manifesta, de um lado, a luz do mundo de Deus e, do outro, o abismo do Inferno. O diabo é autônomo, não pode estar submetido ao poder de Deus, pois senão não teria condições de ser o adversário de Cristo: seria apenas uma máquina de Deus. À proporção em que o *Uno*, o Indeterminado, desdobra-se na dualidade, ele se transforma em determinado, isto é, neste homem que é Jesus Cristo, Filho de Deus e *Logos*. Este enunciado só é possível em virtude do *Uno* que não é Jesus, nem Filho, nem *Logos*. Ao ato de amor na pessoa do Filho se contrapõe a negação de Lúcifer.

Visto que o diabo foi criado por Deus como anjo que "caiu do céu a modo de um relâmpago", proveio então da divindade e se tornou o "senhor deste mundo". É significativo que os gnósticos tenham expresso esta concepção, quer por meio da figura do Demiurgo imperfeito, quer pelo Arconte saturnino, o Jaldabaot. As representações figuradas deste Arconte correspondem, em todas as suas particularidades, às de um demônio diabólico. Representa o Poder das trevas, do qual Cristo veio libertar a humanidade. Os Arcontes também vieram do seio do abismo insondável, ou seja, da mesma fonte que o Cristo gnóstico. 255

Um pensador da Idade Média observou que na tarde do segundo dia da criação, depois de haver separado as águas superiores das águas inferiores, Deus não disse que "era bom" tal como nos outros dias. E isto precisamente porque no segundo dia Deus criou o *Binarius*, o número binário, que é a origem do Mal[22]. Encontramos de novo tal reflexão num relato persa, onde se atribui a origem de Ahriman a uma dúvida de pensamento por parte de Ahuramazda. Diante disto, um pensamento não trinitário dificilmente pode fugir à lógica do seguinte esquema: 256

---

21. Como Satanás é Filho de Deus, e Cristo também, é claro que se trata aqui de um arquétipo dos dois irmãos e, neste caso, dois irmãos inimigos. A sua prefiguração no Antigo Testamento seriam Caim e Abel e os sacrifícios por eles oferecidos. Caim é luciferino, por causa de seu caráter rebelde e progressista, ao passo que Abel é o pastor piedoso. Em qualquer caso, Javé não estimulou a corrente vegetariana.
22. Cf. § 104 de *Psicologia e religião* [OC, 11/1].

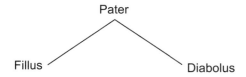

257   Por isso não devemos espantar-nos com o fato de encontrar muito cedo a ideia do Anticristo. Ela devia estar ligada, de um lado, ao sincronismo astrológico da Era dos Peixes[23], que então se iniciava, e, do outro, com o processo crescente da realização da *dualidade* determinada pelo Filho, a qual, por sua vez, foi prefigurada também no símbolo dos peixes – (ou seja, nos dois peixes que se movem em direções contrárias, ligados por uma comissura [linha de junção][24]. Seria um erro pensarmos, aqui, em qualquer construção causalística. Trata-se, pelo contrário, de conexões mútuas pré-conscientes e predeterminadas dos arquétipos, dos quais também encontramos indicações em outras constelações e, de modo particular, no processo de formação dos mitos.

258   Em nosso diagrama, Cristo e o diabo aparecem como dois opostos equivalentes, através da ideia de "adversário". Esta oposição representa um conflito com a parte extrema e, por isso mesmo, é também uma tarefa que diz respeito à humanidade até o dia de hoje, ou melhor, até a essa época de transformações em que o Bem e o Mal começaram a ser *relativizados*, colocando-se em dúvida, um ao outro. Foi quando começou a erguer-se um clamor por uma existência "para além do Bem e do Mal". Na era Cristã, ou seja, no reino do pensamento trinitário, uma reflexão desta ordem não tem lugar, pois o conflito é demasiado violento para que se possa atribuir ao Mal qualquer outra relação lógica com a Trindade que não seja a de uma *absoluta* oposição. Numa oposição afetiva, isto é, num conflito, a tese e a antítese não podem aparecer juntas. Só uma reflexão bastante fria sobre a relatividade do valor do Bem e do Mal pode consegui-lo.

---

23. O fato de estabelecer determinadas relações astronômicas não representava nada de extraordinário para a Antiguidade (Cf. tb.: *Synchronizität als ein Prinzip akausaler Zusammenhänge* e *Aion*, cap. 6).

24. Isto acontece com o símbolo do peixe. Na constelação astronômica, um dos peixes, que cronologicamente corresponde ao primeiro milênio da era cristã, está em posição vertical e o outro em posição horizontal.

Mas neste caso já não existe dúvida alguma que uma Vida comum é espirada não só pelo Pai e pelo Filho *Luminoso*, como também pela criação *tenebrosa*. O conflito inexprimível, criado pela dualidade, se dissolve no quarto princípio, que restabelece a unidade do primeiro em seu pleno desdobramento. *O ritmo é um andamento ternário, mas o símbolo é uma quaternidade.*

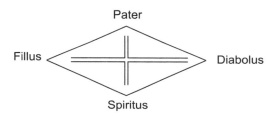

A especulação religiosa não desconhece o duplo aspecto do Pai[25]. É isto o que vemos, por exemplo, na alegoria do unicórnio, que representa o ânimo colérico de Javé. Como esse animal irascível, também Javé teria lançado este mundo na desordem, e somente no seio da Virgem pura se converteria em amor[26]. Lutero conhecia um *deus absconditus* (deus escondido). Os assassinatos, os homicídios, as guerras, as doenças, os crimes e toda espécie de abominação incidem na unidade da divindade. Se Deus se revela e se converte num ser determinado, isto é, num determinado Homem, então os seus contrários deveriam dissociar-se: de um lado o Bem e do outro o Mal. Desfizeram-se assim as oposições latentes na divindade quando o Filho foi gerado, para manifestarem-se depois na oposição Cristo-Diabo. A oposição persa Ormuzd-Ahriman deve ter-lhe servido de base como *sous-entendue* (subentendida). O mundo do Filho é o mundo da cisão moral, sem a qual a consciência humana dificilmente teria podido conseguir aquele progresso na diferenciação espiritual a que realmente chegou. Que em nossos dias não haja grande entusiasmo por

259

---

25. A natureza antinômica de Deus também se manifesta no seu caráter andrógino. Por isso, Prisciliano o chama de "masculofoemina", baseando-se em *Gên* 1,27.
26. Cf. *Psychologie und Alchemie*, 1952, p. 591ss. [OC, 12, § 52Oss. (*Psicologia e alquimia*, vol. 12).

este tipo de progresso é o que demonstram as dúvidas que assaltam a consciência do homem moderno.

260 O cristão é um homem moralmente sofredor e, apesar da sua libertação potencial, precisa da ajuda do *Consolador*, do Paráclito, em seus sofrimentos. O homem não pode superar seus conflitos com suas próprias forças, pois não foi ele quem os imaginou. Ele necessita do consolo e da conciliação divina, isto é, da espontânea revelação daquele Espírito que não depende da vontade do homem, mas vem e vai, segundo quer. Este espírito é um acontecimento autônomo da alma, uma quietação da tempestade, uma luz de reconciliação em meio às trevas do intelecto humano, a ordem secreta dentro do caos de nossa psique. O Espírito Santo é um Consolador como o Pai, um silencioso, eterno e abissal. *Uno*, no qual o amor e o temor se fundiram numa inexprimível unidade. E é justamente nesta unidade que se restabelece o sentido original do mundo do Pai, ainda carente de sentido, no quadro da experiência e da reflexão humanas. O Espírito Santo é a conciliação dos opostos, dentro de uma concepção quaternária da vida e por isso mesmo a resposta ao sofrimento no interior da divindade, personificada em Cristo.

261 A quaternidade dos pitagóricos era um *fato natural*, uma forma arquetípica representada plasticamente, mas não um *problema moral*, e menos ainda um *drama divino*. Por isso "sucumbiu". Era puramente natural e, por isso mesmo, uma concepção não refletida do espírito preso à natureza. A cisão provocada pelo Cristianismo introduziu o combate entre a natureza e o espírito, tornando o espírito humano capaz de pensar e refletir não somente além da natureza, mas também *contra* ela, capacitando-o também de mostrar a sua *liberdade divina*. Este impulso, surgido das obscuras profundezas da natureza humana, culmina no pensamento trinitário que se movimenta num reino platônico e supraurânico. Entretanto, com ou sem razão, continua de pé a questão relativa à existência do quarto elemento. Isto quer dizer que ele ficou "embaixo", como representação herética da quaternidade, ou como especulação da filosofia natural do Hermetismo.

262 A este respeito, eu gostaria de lembrar a figura do médico e alquimista de Frankfurt, Gerardus Dorneus, que se escandalizou com a quaternidade dos princípios fundamentais transmitidos na sua arte

desde épocas imemoriais e com o objetivo da Alquimia que era de conseguir o *Lapis Philosophorum* [a pedra filosofal]. Um fato que despertou-me a atenção foi o de que esta quaternidade constituía verdadeiramente uma heresia uma vez que o princípio que rege o mundo representa uma Trindade. A quaternidade, por conseguinte, só pode provir do diabo[27]. Isto é, o quatro vem a ser o dobro de dois, e o dois foi criado no segundo dia da criação e evidentemente Deus não estava de todo contente quando chegou a tarde do segundo dia. O *Binarius* é o diabo da cisão, da desagregação, e é também o feminino. (Tanto no Oriente como no Ocidente os números pares são femininos). O fato indesejável, ocorrido no segundo dia da Criação, foi o de que, nesse dia nefasto, manifestou-se, como em Ahuramazda, uma cisão na natureza do Pai, da qual se originou o *serpens quadricornutus* (a serpente de quatro chifres), que logo seduziu Eva com a qual tinha parentesco por causa de sua natureza binária (*Vir a Deo creatur, mulier a simia Dei* – O homem foi criado por Deus, [mas] a mulher foi criada pelo macaco de Deus).

O diabo é o macaco de Deus, a sombra que o imita, ἀντίμιμον πνεῦμα (o espírito imitador) do Gnosticismo e da Alquimia grega. Mas é o "Senhor deste mundo", cuja sombra o homem nasceu, sendo por ele onerado e corrompido através do pecado original. Segundo os gnósticos, Cristo teria-se libertado da sombra com a qual nascera, tornando-se sem pecado. É mediante sua ausência de pecado que ele nos mostra sua *imiscibilidade* com o mundo tenebroso do homem ligado à natureza, e do qual este último tenta inutilmente se desembaraçar. ("Temos ainda um resto de terra a carregar penosamente"...)[28]. A vinculação com a *physis*, com o mundo material e suas exigências, provocou a posição ambígua do homem, o qual, por um lado, talvez possua a capacidade de ser iluminado, mas por outro se acha submetido ao "Senhor deste mundo" ("Infeliz de mim! Quem me livrará deste corpo de morte?"). Cristo, ao invés, graças à sua ausência de pecado, vive no reino platônico das ideias puras, onde só o pensamento do homem pode chegar, mas não o próprio homem em sua totalidade. O *homem*

---

27. Cf. § 104 de *Psicologia e religião* [OC, 11/1].
28. *Fausto* II, 5º ato.

é verdadeiramente a *ponte* que transpõe o abismo entre "este mundo, o reino do tenebroso Tricéfalo, e a Trindade celeste". É por isso que sempre houve desde os neopitagóricos gregos até o *Fausto* de Goethe e mesmo nas épocas de fé incondicional na Trindade a procura de um quarto elemento perdido. Embora os que o buscassem fossem considerados cristãos verdadeiros, eram no entanto cristãos marginais, pois se dedicavam a uma *Opus* [atividade], cuja finalidade principal era libertar o *serpens quadricornutus*, a *anima mundi* enredada na matéria, o lúcifer caído. Para eles, o que estava escondido na matéria era o *lumen luminum* [a luz luminosa], a *sapientia Dei* [a sabedoria de Deus], e sua obra era um puro "dom do Espírito Santo". Nossa fórmula quaternária dá razão às suas pretensões pois como síntese do *Uno* original e posteriormente cindido, o Espírito dimana igualmente de uma fonte luminosa e de uma fonte obscura, "pois do acorde da sabedoria divina participam, ao mesmo tempo, forças da direita e da esquerda", como se lê nas memórias de São João[29].

Um aspecto que talvez tenha chamado a atenção do leitor é que, em nosso esquema quaternário, entrecruzam-se duas correspondências, a saber: de um lado, a identidade antinômica entre Cristo e seu Adversário e, do outro, o desdobramento da unidade do Pai na diversidade do Espírito Santo. A Cruz que daí resulta é o símbolo do sofrimento da divindade que salva o mundo. Este sofrimento não poderia ocorrer nem apresentar de qualquer modo os seus efeitos, se não existisse um poder contrário a Deus; "este mundo", e seu "Senhor". O esquema quaternário admite esta existência como um dado inegável, quando impõem as *cadeias da realidade deste mundo* ao pensamento trinitário. A liberdade platônica atribuída ao espírito não possibilita um julgamento de totalidade; pelo contrário, separa violentamente no âmbito divino a parte luminosa da parte tenebrosa correspondente. Esta liberdade é, em boa parte, um fenômeno cultural e a mais nobre ocupação de um ateniense feliz, a quem coube a sorte de não ser um ilota. Só pode colocar-se acima da natureza quem tem um outro para carregar, em seu lugar, o peso da terra. Como teria filosofado Platão se fosse escravo de sua própria casa? Que teria ensinado o

---

29. Cf. HENNECHKE. *Neutestamentliche Apokryphen*, p. 188.

Rabi Jesus, se tivesse mulher e filhos para cuidar? Se tivesse de cultivar o campo onde cresceu o pão que ele partiu e cuidar da vinha onde amadureceu o vinho que Ele deu para beber? O peso obscuro da terra também faz parte do conjunto. "Neste mundo" não há bem sem mal, dia sem noite, verão sem inverno. Mas ao homem civilizado talvez falte o inverno, porque pode muito bem proteger-se contra o frio; talvez falte a sujeira, porque pode lavar-se, talvez falte o pecado, porque pode, cautelosamente, isolar-se dos demais homens; evitando assim muitas ocasiões malignas. Pode parecer bom e puro a seus próprios olhos, porque não sofreu as necessidades do outro para lhe ensinar. O homem da natureza, pelo contrário, possui uma totalidade que se poderia admirar. Mas, a rigor, nada existe nele que mereça nossa admiração. O que nele se encontra é a eterna inconsciência, o pântano, a sujeira.

Mas se Deus deve nascer como homem e a humanidade deve se unir na comunhão do Espírito Santo, tem de passar pelo terrível tormento de carregar o mundo com sua realidade. É uma cruz, e Ele próprio é uma cruz para si mesmo. O mundo é o sofrimento de Deus, e todo indivíduo que deseja chegar à própria totalidade, ainda que apenas aproximativamente, sabe muito bem que ela não é mais do que carregar o peso da cruz. 265

Estas ideias foram expressas no filme negro: *Green Pastures* (Verdes Prados), com uma beleza e simplicidade tocante: Deus havia governado o mundo durante vários anos, com maldições, trovões e afogamentos, mas sem êxito. Por fim, viu que devia tornar-se Homem, a fim de chegar até às raízes do Mal. 266

Depois de passar pelos sofrimentos do mundo, fazendo-se homem, Deus nos deixou um Consolador, a terceira Pessoa da Trindade, a fim de que habitasse em muitos indivíduos, precisamente naqueles que de nenhum modo gozavam da prerrogativa e da possibilidade de não pecar. Por isso é que, no Paráclito, Deus se aproxima muito mais do homem real e de suas trevas do que no Filho. O Deus luminoso caminha pelo homem-ponte, a partir do lado diurno, enquanto a sombra de Deus o faz, do lado noturno. Neste terrível dilema, que ameaça explodir o pobre recipiente com uma embriaguez e tremores inauditos, quem decidirá? Provavelmente a *revelação de* 267 *um Espírito Santo, vinda do próprio homem*. Da mesma forma que a revelação do homem se fez, outrora, a partir de Deus, assim também é possível que, no momento em que o anel se fechar, Deus se revele a si próprio a partir do homem. Mas assim como, neste mundo, ao lado de cada bem existe um mal, assim também o *Pneuma antímimon* provocará no homem uma divinização de si próprio, a partir da inabitação do Paráclito, provocando uma inflação do sentimento desmesurado de seu próprio valor, cujo prelúdio já se achara claramente delineado no caso de Nietzsche. Quanto mais inconscientemente se coloca o problema religioso, tanto maior será o perigo de que o homem use abusivamente do núcleo divino que há em si, para uma ridícula ou demoníaca inflação de sua própria pessoa, em vez de perceber que mais não é do que um estábulo no qual nasce o Senhor. Mesmo no cume mais elevado nunca estaremos além do Bem e do Mal, e quanto maior for o nosso conhecimento acerca do complicado entrelaçamento do Bem e do Mal, tanto mais inseguro e mais confuso se tornará nosso julgamento moral. Aqui, de nada adianta atirar no lixo o critério moral e fixar novos quadros (segundo padrões bem conhecidos), pois a injustiça pensada, premeditada e executada haverá de se vingar, no futuro, de nossa alma, como sempre, sem preocupar-se se o mundo gira ou não para nós. Nosso conhecimento sobre o Bem e o Mal vai diminuindo à medida que se acumulam nossas descobertas e experiências, e diminuirá ainda mais no futuro, sem que tenhamos a possibilidade de livrar-nos das exigências éticas. Nesta extrema incerteza necessitamos da iluminação de um Espírito Santo totalizador, que poderá ser tudo, menos nossa inteligência racional.

2. A psicologia da quaternidade

268   Podemos tratar exaustivamente do problema do quarto elemento, como vimos no capítulo anterior, sem que seja preciso renunciar à linguagem religiosa. Por meio de figuras metafísicas. Pode-se descrever, projetivamente, de que modo se completou a Trindade, formando uma quaternidade. Isto faz com que a descrição adquira plasticidade e vigor. Estas afirmações, no entanto, podem e devem, por razões de ordem científica, reduzir-se ao homem e à sua psicologia, pois se trata de produtos de inteligência humana, aos quais é lícito

atribuir qualquer validez metafísica. São principalmente projeções de processos psíquicos; não sabemos, porém, em que consistem, visto que se encontram num domínio inconsciente e inacessível ao homem. Em todo caso, a Ciência não pode tratá-los senão como projeções, pois se não o fizesse estaria renunciando à sua autonomia. Como não se trata das fantasias de um indivíduo isolado, mas de um fenômeno de natureza coletiva, pelo menos no que se relaciona com a Trindade, é forçoso admitir que a evolução da ideia trinitária constitui um processo coletivo que se prolonga ao longo de séculos, isto é, um processo de *diferenciação da consciência* que se estende por milênios.

Se quisermos interpretar o símbolo trinitário em sentido psicológico, devemos partir do indivíduo e considerar tal símbolo como uma expressão individual como, por exemplo, uma representação onírica. Este modo de proceder é legítimo, pois outrora foi uma representação coletiva que partiu de indivíduos; além disso, são somente indivíduos que a "possuem". Podemos estudar a Trindade, como estudamos um sonho, e isto tanto mais facilmente pelo fato de sua existência constituir um *drama*, como qualquer sonho mais ou menos desenvolvido. 269

Em geral, o *Pai* representa o estágio primitivo da consciência, o estágio ainda infantil, quando se depende ainda de uma forma de vida preexistente, de um *hábito que tem o caráter de lei*. É um estágio que se aceita passivamente, um estado de não reflexão, puro conhecimento de um fato empírico, sem que haja um julgamento intelectual ou moral[30]. Isto se aplica tanto no plano individual como coletivo. 270

O quadro se modifica quando o acento se desloca para o Filho. No nível individual as mudanças começam, de modo geral, quando o Filho se prepara para ocupar o lugar do Pai. Isto pode ocorrer, segundo o modelo arcaico, por um quase parricídio, isto é, por uma identificação violenta com o Pai, juntamente com sua subsequente eliminação. Isto não constitui um progresso, mas a manutenção do hábito original e, por isso mesmo, não se verifica qualquer diferenciação da consciência. Não houve uma emancipação em relação ao Pai. A solu- 271

---

30. No Antigo Testamento, só na parte final de Jó, Javé se aproxima da problemática moral. Cf. *Antwort auf Job* [*Resposta a Jó*, (OC, 11/4)].

ção legítima não consiste numa diferenciação consciente entre o que é Pai e o hábito por ele representado. Para isto será necessário um certo grau de conhecimento da individualidade, à qual não se chega sem uma decisão de ordem moral, além do que ela pode ser mantida sem uma compreensão do seu sentido[31]. O hábito é substituído por uma forma de vida conscientemente escolhida e conscientemente adquirida. Por isso é que a Cristandade, caracterizada pelo "Filho", impele o indivíduo a decidir-se e a refletir, fato este sentido de modo particular pelos padres da Igreja[32] que em lugar da necessidade (ἀνάγχη) e da ignorância (ἄγνοια) insistem sobre a ἐπιστήμη (a compreensão). É esta tendência que se manifesta no conflito entre o Novo Testamento e a justiça legal do judaísmo, a qual representa exclusivamente o hábito.

272   Finalmente, a terceira etapa indica uma realização do "Espírito" no futuro, além do "Filho", ou seja, uma vida do "Pai" e do "Filho" que eleva os estágios conscientes posteriores ao mesmo nível de autonomia do "Pai" e do "Filho". Este ampliamento da *Filiatio*, da filiação divina, até o homem, representa a projeção metafísica da mudança psíquica que então se verifica. Isto quer dizer que o "Filho" é uma fase de transição, um estágio intermediário: de um lado, ainda é criança e do outro, já é adulto. O "Filho" é transitório, e por isso os filhos de Deus morrem prematuramente. O termo "Filho" significa a passagem de um estágio inicial permanente, chamado de "Pai" e *auctor rerum* (autor do que existe), para o ser-Pai. Isto indica que o "Pai" comunicará a seus filhos o Espírito gerador da vida que Ele próprio recebeu e pelo qual foi gerado. Reduzido no nível do indivíduo este

---

31. Por isso é que G. Köpgen (*Die Gnosis des Christentums*, p. 231) designa Jesus, e com razão, como o primeiro homem autônomo.

32. Por exemplo, Justino Mártir, em Apologia II: "[...] ut ne necessitatis et ignorantiae liberi permaneamus, sed delectus et scientiae" ([...] para não permanecermos como filhos da necessidade e da ignorância, mas da escolha e da ciência). Clemente de Alexandria diz em *Stromata*, I, 9: "De que modo aquele que deseja participar da potência de Deus não deve compreender, filosofando, as coisas inteligíveis?" II. 4: "O conhecimento se torna crível e a fé se torna cognoscível, de acordo com uma certa reciprocidade da lógica divina". VII, 10: "A fé se aperfeiçoa, portanto (por meio do conhecimento), pois é somente por ela que o fiel se torna perfeito". "O conhecimento, porém, (é) uma demonstração firme e segura das coisas que foram recebidas pela fé".

símbolo diz que o estado não refletido, apenas percebido e que se chama "Pai", transforma-se em estado refletido, chamado "Filho". Este estágio não se acha somente em oposição ao antigo, que ainda persiste, mas por sua natureza racional e consciente encerra também muitas possibilidades de divisão. Uma discriminação crescente gera muitas antinomias, outrora inconscientes, que agora se tornam necessárias, porque sem um conhecimento claro de sua existência não é possível tomar uma decisão moral no verdadeiro sentido do termo. O estágio do "Filho", portanto, é um *estágio de conflito par excellence*: a escolha dos possíveis caminhos se acha sob a ameaça de muitos outros desvios. A "libertação da lei" traz consigo uma exacerbação dos contrastes, particularmente do contraste moral. O *Crucifixus* (Crucificado) entre dois malfeitores é um símbolo vivo desta realidade. A vida exemplar de Cristo constitui em si um *Transitus* [uma transição, passagem] e por isso significa ao mesmo tempo uma ponte e uma passagem para a terceira fase, na qual o estágio *paterno inicial é restaurado*, em certo sentido. Se este último nada mais fosse do que uma simples restauração da primeira fase, as consequências da segunda fase, isto é, a razão e a reflexão, perderia, dando lugar a uma quase-consciência renovada de natureza irracional e irrefletida. Para que tal não aconteça é mister que se conservem os valores da segunda fase: é preciso que a razão e a reflexão se mantenham intactas. A consciência readquirida com a emancipação do Filho persiste na terceira fase, mas deve reconhecer que não é a fonte das decisões finais, nem dos conhecimentos determinantes, isto é, não constitui o que com toda razão poderíamos chamar de γνῶσις (gnose)[33], mas uma instância que poderíamos denominar de inspiradora e que na projeção tem o nome de "Espírito Santo". É no nível psicológico que surge a "inspiração" de uma função inconsciente. Visto de uma posição ingênua, o agente da inspiração parece uma "inteligência" situada no mesmo plano que a consciência, ou mesmo superior a ela, pois não é raro que uma ideia súbita apareça como um deus ex-machina salvador.

O progresso trazido pela terceira fase significa, por conseguinte, como que o reconhecimento do inconsciente, quando não uma su-

---

33. Gnose; não confundir com Gnosticismo.

bordinação a ele[34]. Alcança-se o estágio adulto quando o Filho restabelece o seu estágio infantil, submetendo-se a uma autoridade paterna, seja sob uma forma psicológica, seja de modo concreto, sob uma forma projetada, reconhecendo por exemplo a autoridade da doutrina da Igreja. É evidente que esta autoridade pode ser substituída por todos os tipos possíveis de sucedâneos, fato este que constitui apenas uma prova de que a transição para a terceira fase esteve sob a ameaça de perigos espirituais incomuns, que consistiam principalmente em desvios racionalistas contrários aos instintos[35]. Neste processo de mudança não se trata, evidentemente, de permanecer criança, mas do adulto dar provas de autocrítica e humildade sinceras, o suficiente para perceber que não tem condições de saber onde nem em relação a que deve assumir um comportamento de criança, isto é, o comportamento de alguém que recebe as coisas de modo irracional e irrefletido. Da mesma forma que a passagem da primeira fase para a segunda exige o sacrifício da dependência infantil, assim também na passagem para a terceira fase é preciso que se renuncie à autonomia exclusiva.

É evidente que nestas mudanças não se trata de fatos banais da vida cotidiana, mas de mudanças que afetam o destino do homem. Semelhantes transições, em geral, têm um caráter *numinoso*: são ensinamentos, iluminações, comoções, reveses, experiências religiosas, isto é, místicas, ou outro fator de natureza semelhante. O homem moderno tem noções de tal modo confusas acerca do que seja a "vivência mística", ou um medo tão racionalista da mesma, que, em certos casos, desconhece a natureza de sua experiência e repele ou recalca seu caráter numinoso, o qual é tratado como um fenômeno obscuro e irracional, ou mesmo patológico. Estas interpretações errôneas se baseiam numa realização insuficiente e numa compreensão defeituosa das grandes conexões que, de modo geral, só se esclarecem ple-

---

34. Psicologicamente falando, a sujeição a uma instância metafísica qualquer é uma sujeição ao inconsciente! Não há critérios científicos segundo os quais seja possível diferenciar os chamados fatores metafísicos dos fatores psíquicos. Isto, entretanto, não significa que negue a existência de fatores metafísicos.

35. Igreja sabe que a provação dos espíritos não é coisa simples. Ela conhece os perigos a que está exposta a submissão meramente subjetivista a Deus e, por isso, reserva-se o direito de dirigir as consciências.

namente quando aos dados da consciência se acrescentam também os dados do inconsciente. Sem estes, muitas lacunas permanecem em aberto na série de experiências da vida de um homem e com elas são frequentíssimas as ocasiões de racionalizações insatisfatórias. Quando existe uma tendência, por ligeira que seja, para a dissociação, ou uma fleuma com inclinação para um estado habitual de inconsciência, pode-se preferir as falsas causalidades à verdade.

O caráter numinoso de tais experiências consiste em que a pessoa se sente *subjugada* por elas; uma confissão contra a qual não só o orgulhoso resiste, como também o temor profundamente arraigado de uma possível perda da supremacia da consciência, e muitas vezes o orgulho nada mais é do que uma *pseudorreação* que dissimula, por assim dizer, o medo de que se está possuído. Quão espessas são tais paredes protetoras mostra-nos a sugestionabilidade simplesmente assustadora que está na base dos movimentos psíquicos das massas, a começar pelos "mais sérios pesquisadores da Bíblia" entre as pessoas simples, e o assim chamado, por razões de prestígio, "Oxford (Group) Movement"[36], entre as classes mais altas, até o Nacional-Socialismo de todo um povo, e tudo isto em busca de uma experiência mística totalizante!

Quem não compreende o que lhe está acontecendo, corre o risco de permanecer estacionário na fase de transição do Filho. O critério para se saber em que consiste o estágio adulto não é fazer parte de alguma seita, de um grupo ou de um povo, mas ter condições de submeter-se ao espírito da própria autonomia. Da mesma forma que o "Filho" procede do "Pai", assim também da condição do "Filho" procede o "Pai", o qual não é, de modo algum, uma repetição ou identificação com o Pai original, mas um homem no qual a vida do "Pai" continua sua obra de geração. Esta terceira condição constitui, como já vimos, uma inserção da consciência do ego na totalidade superior, à qual não se pode chamar de "Eu", mas que por isto mesmo se ilustra melhor através de uma categoria mais ampla; é preciso porém ter sempre presente o antropomorfismo insuficiente de uma tal concepção. A linguagem cristã designa esta grandeza, difícil de ser

---

36. Era que se chamava, originalmente, a corrente catolizante surgida no meio do clero anglicano, em Oxford, no ano de 1833.

definida, mas que pode ser captada sob o ponto de vista psíquico, com o nome de "Espírito Santo", isto é, como o sopro salvador e totalizante, para o qual ela reivindica uma *personalidade*, o que é sumamente adequado, em vista das circunstâncias que acabamos de expor. Há quase dois mil anos a história conhece a figura do homem cósmico primordial (o Urmensch), o ἄνθρωπος (Anthropos), cuja imagem entrou tanto na concepção de Javé como na de Cristo. Os santos estigmatizados tornaram-se, usando uma linguagem plástico-intuitiva, santos cristificados e por isso mesmo portadores da imagem do Anthropos. São modelos simbólicos da atuação do Espírito Santo sobre os homens. O Anthropos é um símbolo que advoga uma natureza pessoal da totalidade, ou do si-mesmo. Quando se percorre a série dos numerosos símbolos do si-mesmo, descobre-se entre eles alguns, e que não são poucos, nos quais não comparece caráter pessoal algum. Não quero insistir, aqui, na casuística psicológica que, seja qual for o caso, trata-se sempre de uma terra incógnita para o leigo; posso contudo basear-me num material histórico que exprime a mesma coisa com a clareza requerida pela observação científica moderna. Refiro-me à simbólica da Alquimia que, além da figura pessoal, estabeleceu também outras formas não humanas, *geométricas*, tais como a esfera, o círculo, o quadrado, o octógono, ou *físico-químicas*, como a pedra, o rubi, o diamante, o mercúrio, o ouro, a água, o fogo, o espírito (o *spiritus* entendido como substância volátil). Encontramos esta coletânea de símbolos, mais ou menos em concordância nos produtos modernos do inconsciente[37]. Deste contexto faz parte igualmente a circunstância de que existem numerosos símbolos teriomórficos de natureza espiritual, entre os quais figuram o *Cordeiro* (Cristo), a *pomba* (Espírito Santo), a *serpente* (Satanás), além de outros, no âmbito cristão. Como símbolo do *Nous* e do *Agathodaemon* dos gnósticos, a serpente toma um significado pneumático (O diabo também é espírito). Acha-se aí expresso o caráter não-humano do si-mesmo ou da totalidade, tal como ocorre no relato de Pentecostes, quando o Espírito desce sobre os discípulos em forma de línguas de fogo. Diante disto podemos compreender, de certa forma, o embaraço de Oríge-

---

37. A este respeito, cf. *Psychologie und Alchemie*, parte I (*Psicologia e alquimia* [OC, 12]).

nes em relação à natureza do Espírito Santo. Compreendemos também a razão pela qual a terceira Pessoa da Trindade não tem uma qualificação pessoal, ao contrário do Pai e do Filho[38]. "Espírito", em si, não é uma designação pessoal, mas a definição qualitativa de uma substância de caráter aeriforme (πνεῦμα, *spiritus*, *animus*).

Todas as vezes que o inconsciente se expressa de maneira tão contraditória, como no caso presente, é indício de que não se trata de uma situação clara, tal como nos ensina a experiência. O inconsciente se empenha, por assim dizer, em exprimir um estado de coisas para o qual não existe uma categoria nocional no plano da consciência. Não se trata absolutamente de conteúdos "metafísicos", como no caso do Espírito Santo; pelo contrário, qualquer conteúdo que transcenda a consciência e para o qual não há qualquer possibilidade de apercepção, pode dar origem a uma simbólica paradoxal ou antinômica dessa espécie. Numa consciência ingênua e primitiva, que só entende em termos de preto e branco, o próprio aspecto duplo e inevitável daquilo que tem por título "O homem e sua sombra", pode adquirir um caráter transcendental e, consequentemente, produzir uma simbólica paradoxal. Por isso creio que dificilmente erraríamos se admitíssemos que são justamente as antinomias impressionantes da simbólica do Espírito que provam existir *uma complexio oppositorum* (uma união dos contrários) *no Espírito Santo*. Entretanto, não há uma categoria nocional consciente que exprima tal fato, pois essa união só pode ser concebida pura e simplesmente como uma "coincidência" que implicaria a supressão, isto é, a destruição de ambas as partes.

277

A simbólica espontânea da *complexio oppositorum* indica justamente o contrário de uma destruição, pelo fato de outorgar ao produto resultante da união, ou uma duração eterna, isto é, uma estabilidade inabalável, ou uma eficácia suprema e inesgotável[39].

278

É por isto que o Espírito, enquanto *complexio oppositorum*, tem a mesma fórmula que o "Pai", o *auctor rerum*, que Nicolau de Cusa con-

279

---

38. Tomás de Aquino, *Suma Teológica*, I, XXXVI, art. 1: "Non habet nomen proprium" (Não tem nome próprio). Devo esta informação à gentileza de P. Victor White, O.P.

39. Estas duas categorias constituem os famosos atributos do *Lapis Philosophorum* (Pedra filosofal), como também dos símbolos do si-mesmo. Cf. por exemplo *Psychologie und Alchemie*, passim.

cebeu também como uma união dos opostos[40]. Na realidade, porém, o "Pai" encerra a mesma antinomia que se encontra no Filho, seu Adversário. A pesquisa de R. Schärf[41] mostra em que medida o monoteísmo do Antigo Testamento se viu obrigado a fazer concessões à "relatividade" do conceito de Deus. O Livro de Jó se acha a um passo do dualismo que teve seu período de florescência na Pérsia, antes e depois de Cristo, e que depois emergiu em diversos tipos de movimentos heréticos no seio do Cristianismo. Por isso não é difícil entender que o duplo caráter do "Pai", como já mencionamos acima, volte a aparecer na pessoa do Espírito Santo, e que este adquira então o significado de uma restauração do estágio do "Pai". Usando uma analogia, poderíamos comparar o Espírito Santo à corrente de fótons que se produz quando se destrói a matéria, e o "Pai" com a energia primordial que provocou a formação de prótons e elétrons com suas cargas opostas. Não se trata aqui, como o próprio leitor compreenderá, de uma explicação em sentido estrito, mas de uma analogia lícita, uma vez que as ilustrações tiradas da Física repousam em última análise nas mesmas bases arquetípicas que a especulação teológica. Ambas são Psicologia, a qual se apoia por seu lado no mesmo fundamento arquetípico.

3. Considerações gerais sobre a simbólica

280   Embora seja sumamente improvável que a Trindade cristã provenha da trindade do *Timeu*, trata-se do mesmo arquétipo. Se pretendermos descrever sua fenomenologia, não devemos ter receio de encarar todos os aspectos visualizados no momento de traçar-lhes a imagem global. Devemos assim introduzir na imagem cristã da Trindade, por exemplo, aquilo com que encontramos ao analisar o *Timeu*, ou seja, o fato de que o número três representa um conceito abstrato, fruto do pensamento; e da mesma forma pela qual a segunda mistura ali nos revela a oposição do quarto ingrediente, assim também encontramos aqui o Adversário (*Diabolus*), como quarto

---

40. Não se deve, contudo, perder de vista que Nicolau de Cusa tem diante dos olhos uma antinomia inteiramente diversa da antinomia psicológica.
41. Cf. *Die Gestalt des Satans im Alten Testament*. Em: *Symbolik des Geistes*.

componente. Sem este quarto elemento não há, em nenhum dos casos, a realidade tal como a conhecemos, nem mesmo entendida como tríade, pois um ser abstrato, puramente imaginado, só pode ter sentido quando se refere a uma realidade possível ou atual. Esta relação falta de tal modo no conceito da Trindade, que o homem de hoje o foi perdendo de vista pouco a pouco, sem perceber. O que esta perda significa pode ser visto claramente nos casos em que se coloca o problema de reconstituição, isto é, nos casos em que uma dissociação separa a parte psíquica consciente da parte inconsciente. Ou melhor, esta cisão só deixará de existir quando a consciência conseguir formular conceitos que exprimam adequadamente os conteúdos do inconsciente. É como se a Trindade fosse incomensurável com o quarto elemento de uma destas concepções. Como parte da história da salvação, ela deveria produzir efeito salvífico e totalizante. Na integração de conteúdos inconscientes na consciência a redução dos símbolos oníricos e realidades banais tem uma importância de primeira ordem. Este modo de proceder, porém, é insuficiente no sentido mais profundo do termo, e num prazo mais dilatado não considera suficientemente a importância dos conteúdos arquetípicos. Tais conteúdos alcançam profundidades que o *common sense* [senso comum] jamais suspeitaria. Como condições genéricas *a priori* do comportamento da alma, eles reclamam uma dignidade que sempre se exprimiu em figuras divinas. Somente uma formulação deste tipo atende suficientemente às exigências do espírito inconsciente. O inconsciente é a história não escrita do homem, a partir de épocas imemoriais. A fórmula racional pode satisfazer aos tempos de hoje e ao passado imediato, mas não à experiência humana como um todo. Esta experiência supõe a concepção abrangente do mito, isto é, o símbolo. Faltando este, a totalidade do homem não se acha representada na consciência. O homem se situa mais ou menos como um fragmento acidental, como uma consciência parcial e sugestionável, entregue a todas as fantasias utópicas que usurpam o lugar vazio dos símbolos da totalidade. O símbolo não pode ser um x qualquer, como o Racionalismo pretende. Só é legítimo o símbolo que exprime as relações estruturais do inconsciente e que portanto pode alcançar um consenso geral. Enquanto gera espontaneamente o fenômeno da fé, não necessita de qualquer outra compreensão. Entretanto, quando a fé começa a falhar, por faltar-lhe a compreensão, é preciso recorrer, queiramos ou não, ao instrumental da inteligência, se quisermos evitar um risco de consequências imprevisíveis. Mas – podemos então perguntar – o que ocupará o lugar do símbolo? Será que alguém conhece uma expressão melhor para uma coisa que ainda não foi totalmente entendida em nosso sentido moderno?

281   Os símbolos da tríade, da Trindade e da quaternidade aparecem com bastante frequência nos sonhos, como mostrei em minha exposição *Psychologie und Alchemie*, bem como na obra acima citada, onde aprendi que a noção da Trindade se baseia em dados empíricos, e que afinal de contas significa algo. Não pude chegar a essa conclusão a partir da forma tradicional mediante a qual a Trindade nos é apresentada. Se consegui alcançar uma ideia inteligível da Trindade, fundamentada em dados concretos da experiência, é porque tive a ajuda dos sonhos, do folclore e dos mitos, nos quais estes temas numéricos ocorrem. Nos sonhos, em geral, eles aparecem espontaneamente, como se pode ver até mesmo em seu aspecto exterior e banal. A maioria deles não contém nada de mítico ou de fabuloso, e muito menos de religioso. Em geral, o que se vê são três homens e uma mulher sentados a *uma* mesa, ou viajando num carro ou três homens e *um* cachorro, um caçador e *três* cachorros, *três* galinhas num galinheiro, exemplos em que o quarto elemento desapareceu. Tais fatos são tão banais, que é fácil não dar por eles. Inicialmente parece que eles não têm nada de especial a dizer, a não ser que se referem a funções e aspectos da personalidade, como é fácil constatar, quando se trata de três ou quatro pessoas conhecidas e bem caracterizadas, ou das quatro cores fundamentais: o vermelho, o azul, o verde e o amarelo. Estas cores aparecem associadas com bastante regularidade às quatro funções de orientação psíquica. Só a constatação de que com o quarto elemento se alude à totalidade permite ver que estes temas oníricos, aparentemente banais, são, por assim dizer, imagens crepusculares de acontecimentos significativos. A quarta figura, em geral, é muito elucidativa: é incompatível, apavorante ou incomum, diferente das outras, tanto no bom como no mau sentido, como, por exemplo, no caso do Pequeno Polegar ao lado dos três irmãos normais. Evidentemente também pode acontecer o inverso: os três primeiros podem ter um aspecto estranho e um parecer normal. Quem possui algum conhecimento de Matemática sabe que a distância, aparentemente grande, entre a Trindade e tais fatos incomuns não é de forma alguma intransponível. Mas com isto não queremos dizer que a Trin-

dade possa ser reduzida ao nível de tais ocorrências. Pelo contrário, ela representa a forma mais completa do respectivo arquétipo. O material empírico estudado indica somente de que modo este arquétipo atua até mesmo nas mínimas particularidades da psique. É justamente isso que atesta sua importância: inicialmente parece apenas um esquema ordenador e um critério para se discernir a natureza de uma determinada estrutura psíquica, e depois se mostra como veículo de síntese, na qual culmina o processo da individuação. A individuação aparece simbolizada pela adição do quarto componente, donde se conclui que a quaternidade é um símbolo do Si-mesmo, que sua importância é central, ocupando o lugar da divindade na Filosofia da Índia. Numerosas quaternidades se desenvolveram na concepção ocidental ao longo da Idade Média: basta mencionar, por exemplo, a representação do *Rex gloriae*, juntamente com os símbolos dos quatro Evangelistas (três teriomórficos e um humano). No Gnosticismo encontramos a forma divina do Barbelo ("Deus é quatro"). Este, como outros exemplos, colocam o quatro em estreita ligação com a divindade (desdobrada), e daí resulta aquela impossibilidade, antes mencionada, de distinguir o si-mesmo de uma imagem divina. Em todo caso, achei possível encontrar algum critério de diferenciação. Só a fé ou um veredicto filosófico podem decidir acerca disso, mas mesmo assim nem a primeira nem o segundo têm algo a ver com uma ciência empírica.

Podemos agora interpretar o aspecto da imagem divina da quaternidade como um reflexo do si-mesmo ou, inversamente, o si-mesmo como uma *imago Dei*. Ambas as interpretações são psicologicamente verdadeiras, pois o si-mesmo, pelo fato de só poder ser percebido no plano subjetivo como a singularidade mais íntima e extrema possível, precisa de uma totalidade como fundo, sem a qual não poderá, de forma alguma, realizar-se como indivíduo absoluto. Para sermos mais exatos: o si-mesmo deveria ser concebido com o extremo oposto de Deus. Entretanto, seria preciso dizer com *Angelus Silesius*: "Ele não pode ser sem mim, nem eu posso ser sem Ele". Isto significa que embora o símbolo exija duas interpretações diametralmente opostas, tanto uma, como outra, podem ser válidas. O símbolo significa tanto uma coisa como a outra, e por isso é um paradoxo. Este não é o momento de mostrarmos detalhadamente qual o papel que estes símbolos numéricos desempenham na prática. Por esta razão

282

devo remeter o meu leitor ao material onírico estudado em *Psychologie und Alchemie*, parte I.

283 Dada a particular importância de que se reveste a simbólica da quaternidade, pode-se indagar por que motivo o Cristianismo, uma das formas religiosas mais diferenciadas, baseia-se justamente na tríade arcaica, construindo a imagem divina de sua Trindade[42]. Pela mesma razão deve-se colocar a questão (e ela foi colocada) de saber com que direito se considera o Cristo como símbolo do si-mesmo, quando se sabe que o si-mesmo, *per definitionem*, consiste numa *complexio oppositorum*, faltando por completo o lado obscuro à figura de Cristo. (Ele é dogmaticamente *sine macula peccati* [sem mancha de pecado]).

284 Ambas as questões tocam de perto o mesmo problema. Procuro a resposta para tais perguntas sempre no âmbito da experiência, razão pela qual devo aduzir aqui fatos concretos. De modo geral, a maior parte dos símbolos, quando são de natureza geométrica ou numérica e não precisamente figuras humanas, têm aspecto quaternário. Mas são encontrados também símbolos ternários ou mesmo trinitários que são, como me ensina a experiência, relativamente raros. Os casos desta natureza que pesquisei a fundo se distinguem por algo que poderíamos denominar de "Psicologia medieval". Mas isto não significa uma posição retrógrada, nem um julgamento de valor, e sim uma problemática própria: em casos desta espécie há uma inconsciência e um primitivismo correspondente de tal modo que parecem indicar uma espiritualização compensadora. O símbolo salvador, nestas circunstâncias, é uma tríade em que falta o quarto elemento, aquele que deve ser rejeitado de qualquer modo.

285 Como a experiência me ensina é de grande importância, na prática, que o médico entenda corretamente os símbolos que estão voltados para a totalidade. Isto porque tais símbolos constituem o instrumento que nos permite eliminar as dissociações neuróticas, proporcionando à consciência aquela atitude e aquele espírito que a humanidade sempre sentiu como sendo portadores de redenção e de libertação. São as *représentations collectives* que desde os primórdios permitiram a ligação tão necessária entre a consciência e o inconsci-

---

[42]. Na Igreja grega a Trindade chama-se τριάς.

ente. Esta união pode ocorrer tanto no plano intelectual como no plano meramente prático, pois no primeiro caso a esfera dos instintos se rebela e no segundo a razão e a moral opõem resistência. Toda dissociação no âmbito da neurose psicógena se deve a uma antinomia desta espécie e só pode ser harmonizada pelo símbolo. Para isto, os sonhos produzem símbolos que, no fundo, coincidem com a simbólica transmitida ao longo da história. As imagens oníricas desta natureza só podem ser integradas na consciência e captadas pelo pensamento e pelo sentimento, quando a consciência possui as categorias nocionais e os sentimentos morais exigidos. A esta altura, muitas vezes o terapeuta deve realizar um trabalho que submete sua paciência à mais dura prova. A síntese entre consciência e inconsciente só pode ser conseguida mediante uma confrontação da consciência com o inconsciente, confrontação que só é possível, por sua vez, quando se entende o que o inconsciente está querendo dizer. Deparamos aqui com os símbolos que constituem o objeto de minhas pesquisas e assim restabelecemos a relação perdida com concepções e sentimentos que possibilitam uma coordenação da personalidade. A perda da *gnosis*, isto é, do conhecimento das coisas últimas, pesa muito mais do que em geral se admite. A fé também seria suficiente se constituísse um carisma cuja posse não fosse angustiada mas verdadeira, o que é raro. Se não fosse isto, poderíamos nos poupar de muito trabalho penoso. A teologia encara nossos esforços neste sentido com olhar desconfiado, mas não realiza este trabalho tão necessário. Ela prega uma doutrina que ninguém entende e ainda exige uma fé que ninguém pode oferecer. É isto que ocorre no âmbito protestante. A situação do lado católico é mais sutil. Nele encontramos, em primeiro lugar, o rito com sua ação sagrada, ilustrando o acontecimento vivo que é o sentido do arquétipo, e tocando diretamente o inconsciente. Quem poderia furtar-se, por exemplo, à impressão causada pela celebração da Missa à qual assiste, ainda que com o mínimo de compreensão. Em segundo lugar, a Igreja Católica tem a instituição da confissão e a do "Directeur de conscience" [o diretor espiritual], de máxima importância, quando desempenhadas por pessoas idôneas. O fato de que isto nem sempre aconteça constitui um sério inconveniente. Em terceiro lugar, a Igreja Católica possui um universo de representações dogmáticas bastante desenvolvidas e intactas, que oferecem um digno receptáculo para a riqueza de formas do inconsciente, conferindo portanto uma expressão plástica e intuitiva a certas verdades vitais, com as quais a consciência deve estar ligada. A fé do católico não é melhor, nem mais forte do que a do protestante. No entanto, o homem, independentemente da fraqueza de sua fé, sente-se envolvido inconscientemente pela forma católica. Mas é por isso que ele também resvala facilmente para um ateísmo frequentemente fanático, como tenho observado muitas vezes nos países de cultura românica.

VI
Reflexões finais

Como fruto saído do pensamento, a Trindade deriva de uma necessidade de evolução exigida pela emancipação do espírito humano. Na história dos povos é sobretudo dentro da Filosofia escolástica que esta tendência sobressaiu, constituindo como que um exercício preliminar que tornou possível o pensamento dos tempos modernos. A tríade é também um arquétipo, e como força dominadora não apenas favorece uma evolução espiritual, como a obriga, em determinadas circunstâncias. Mas logo a espiritualização ameaça assumir um caráter unilateral e prejudicial à saúde, e neste caso o significado compensatório da tríade passa inevitavelmente para o segundo plano. O Bem não se torna melhor, mas pior, quando se exagera o seu valor, e um Mal de pouca monta se torna grande, quando se lhe não presta a devida atenção e é recalcado. A sombra é uma componente da natureza humana, e só à noite não há sombra. Por isso a sombra é um problema.

Como símbolo psicológico, a Trindade significa, primeiramente, a *homoousia* ou essência de um processo que se desenvolve em três etapas e que podemos considerar como fases de um amadurecimento inconsciente no interior do indivíduo. Nesta perspectiva, as três Pessoas divinas são personificações das três fases de um acontecimento psíquico regular e instintivo, que tem uma tendência a expressar-se sempre sob a forma de mitologemas e através de costumes rituais, como, por exemplo nas iniciações da puberdade e da vida masculina, nas ocasiões de nascimento, de casamento, de doença e morte. Os mitos e os ritos, como nos mostra por exemplo, a medicina do antigo Egito, têm significado psicoterapêutico – até mesmo em nossos dias.

Em *segundo lugar*, a Trindade indica um processo *secular* de tomada de consciência.

289 Em *terceiro lugar*, a Trindade não quer apenas *representar*, por exemplo, a personificação de um processo em três etapas, mas *ser*, de fato, o único Deus em três Pessoas, as quais possuem conjuntamente uma só e mesma natureza divina, pois em Deus não há passagem da potência ao *actus*, da virtualidade à realidade; pelo contrário, Deus é a *pura realidade*, o próprio *actus purus*. As três Pessoas divinas só se diferenciam pelo modo distinto de suas origens, pelas respectivas processões (o Filho gerado pelo Pai e o Espírito Santo espirado conjuntamente pelos dois – *procedit a patre filioque*). A *homoousia*, cujo reconhecimento atravessou tantas lutas, é absolutamente imprescindível do ponto de vista psicológico, pois a Trindade, enquanto símbolo psicológico, é um processo de mutação de uma só e mesma substância, isto é, da psique como um todo. A consubstancialidade do Filho, juntamente com o *filioque*, indica-nos que Cristo, o qual deve ser considerado psicologicamente como um símbolo do si-mesmo, e o Espírito Santo, que deve ser entendido como a realização do si-mesmo, a partir do momento em que é dado ao homem, procedem da mesma substância (οὐσία) do Pai, isto é, indica-nos que o si-mesmo é um ὁ ὁμοούσιον τῷ πατρί (uma realidade consubstancial ao Pai). Esta explicação está de acordo com a constatação de que é impossível distinguir, empiricamente, os símbolos do si-mesmo da imagem de Deus. A Psicologia pode apenas constatar esta impossibilidade, e nada mais. É digno de nota que a constatação "metafísica" ultrapassa muito a constatação psicológica. A referida impossibilidade de diferenciar nada mais é do que uma constatação negativa, que não exclui a existência de alguma diferença concreta. O que acontece, talvez, é que não se perceba mais tal diferença. O enunciado dogmático, ao invés, fala-nos de uma filiação "divina" que o Espírito Santo comunica aos homens e que, em si, não se distingue da υἱότης ou *filiatio Christi* (filiação de Cristo). Daí se conclui como foi importante que a *homoousia* vencesse a *homoiousia* (a semelhança de natureza). Isto quer dizer que com a recepção do Espírito Santo, o si-mesmo do homem entra numa relação de consubstancialidade com a divindade. Como bem mostra a história eclesiástica, esta conclusão é sumamente perigosa para a existência da Igreja e este foi um dos motivos principais pelos quais a Igreja não insistiu em aprofundar a doutrina do Espírito Santo: em caso negativo, um desenvolvimento posterior levaria ne-

cessariamente a cismas destruidores e, em caso positivo, conduziria diretamente à Psicologia. Além do mais, havia uma série de dons que não eram aceitos irrestritamente pela Igreja, como nos indica o próprio Paulo. Segundo Tomás de Aquino, os dons espirituais não estão ligados à bondade dos costumes ou a virtudes morais do indivíduo[1]. Por isso a Igreja se reserva o direito de dizer quando algo é fruto da ação do Espírito Santo, e quando não é. Com isto ela retira do leigo a possibilidade, para ele nem sempre oportuna, de decidir por si mesmo a este respeito. Os reformadores também perceberam que o Espírito "sopra onde quer", como o vento. Não é somente a primeira Pessoa da divindade, mas também a terceira, que se assemelha a um *Deus absconditus* [Deus escondido] e, por conseguinte, suas ações, como as do fogo, ora são benéficas, ora prejudiciais quando encaradas de um ponto de vista meramente humano. Mas é justamente acerca deste último aspecto que a Ciência se baseia, a qual só consegue aproximar-se do que é estranho à sua natureza, tateando e com grande dificuldade.

A "criação", isto é, a matéria, não se acha incluída na fórmula geral da Trindade, pelo menos da maneira explícita. Por isso em relação à matéria só há duas possibilidades; ou ela é real, e por isso se acha envolvida no *actus purus divino*, ou é irreal, mera ilusão, e portanto se acha excluída da realidade. Mas contra esta última conclusão há, de um lado, o fato da Encarnação de Deus e a obra de Redenção em geral, e do outro, a autonomia e a eternidade do "Príncipe deste mundo", isto é, do diabo, que foi apenas vencido, mas de modo algum destruído e que por ser eterno não pode ser destruído. Se a realidade da criação se acha incluída no *actus purus* também o diabo aí se encontra - como seria preciso provar. Desta situação resulta uma quaternidade, mas uma quaternidade diferente daquela que foi anatematizada pelo Quarto Concílio de Latrão. - A questão que aí se tra-

---

1. "St. Thomas emphasizes that prophetic revelation is. as such, independent of good morals - not to speak of personal sanctity" [Santo Tomás enfatiza que a revelação profética em si não depende da bondade dos costumes - para não falarmos da santidade pessoal] (Cf. *De Veritate*, XII, a: *Suma Teológica*, I - II, p. 172. a 4). Tirei esta observação de um artigo sobre *St. Thomas's Conception of Revelation*, da autoria de Fr. Victor White, O.P. (Oxford). O autor colocou seu manuscrito gentilmente ao meu dispor.

tava era a de saber se a essência de Deus exige ou não uma existência autônoma ao lado da existência das três Pessoas. No caso que tratamos a questão é a autonomia da independência, da criatura, que por si mesma é autônoma e eterna, isto é, trata-se do Anjo rebelde. Ele é a quarta figura antagônica na lista dos símbolos, cujos intervalos correspondem às três fases do processo trinitário. Da mesma forma, o Adversário, no *Timeu*, é a segunda componente do par contraditório, sem a qual não existe a totalidade da alma do mundo; aqui também o diabo se acrescenta à tríade na qualidade de τὸ ἕν τέταρτον (o *Uno* [na qualidade de] quarto)[2], para formar a totalidade absoluta. Se entender-se a Trindade como um processo, como tentei fazê-lo acima, este processo deveria prolongar-se até chegar à totalidade absoluta, com o quarto elemento. Mas com a intervenção do Espírito na vida dos homens, estes são inseridos no processo divino e, consequentemente, também no princípio de individuação e de autonomia em *relação a Deus*, princípio este que vemos personificado em Lúcifer, como vontade que se opõe a Deus. Sem lúcifer não teria havido criação, e nem menos ainda uma história da salvação. A sombra e a vontade oponente são condições imprescindíveis para aquela realização. O ser que não tem vontade própria ou, eventualmente, uma vontade contrária à do seu Criador e qualidades diversas das dele, como as de Lúcifer, não possui existência autônoma, não estando em condições de tomar decisões de natureza ética. Quando muito, é um mecanismo de relógio ao qual o Criador deve dar corda, para poder funcionar. Por isso Lúcifer foi quem melhor entendeu e quem melhor realizou a vontade de Deus, rebelando-se contra Deus e tornando-se assim o princípio de uma criatura que se contrapõe a Deus, querendo o contrário. Porque assim o quis, Deus dotou o homem, segundo Gên 3, da capacidade de querer o inverso do que Ele manda. Se assim não fosse, Ele não teria criado mais do que uma máquina, e neste caso a Encarnação e a Redenção do mundo estariam inteiramente fora de cogitação e a Trindade não se teria revelado, pois todas as coisas continuariam sendo apenas o *Uno*.

---

2. "O axioma de Maria". Cf. *Psicologia e alquimia* [OC, 12, § 209ss.].

A lenda de Lúcifer não é em absoluto uma história de fadas do mesmo modo que a história do Paraíso. Tanto um como outra são mitos "terapêuticos". Naturalmente há quem se insurja contra a ideia de que o Mal e seus efeitos se achem incluídos em Deus, pois acham impossível que ele tenha desejado tal coisa. É verdade que devemos precavermo-nos de limitar a onipotência divina, baseados numa concepção humana subjetiva; entretanto e apesar de tudo, é isto precisamente o que pensamos. Mas não se trata de atribuir todos os males à divindade. Graças à sua autonomia moral, o homem pode imputar a si mesmo uma parte considerável de tudo o que de menos bom acontece. O Mal é relativo; em parte é evitável e em parte é uma fatalidade. Isto se aplica também à virtude, e muitas vezes não sabemos o que é pior. Pense-se, por exemplo, no destino de uma mulher casada com um homem notoriamente santo! Que pecados os filhos não terão de cometer para poderem sentir sua própria vida, frente à influência avassaladora de pais como estes! Enquanto processo energético, a vida precisa de polos contrários, sem os quais, como sabemos, é impossível haver energia. O Bem e o Mal nada mais são do que os aspectos morais destas antinomias. O fato de não podermos ver estes últimos senão sob este prisma dificulta consideravelmente o desenrolar da vida humana. Este sofrimento, que acompanha inevitavelmente nossa vida, é incontornável. A tensão polar que gera a energia é uma lei universal, expressa com adequação no yang e yin da filosofia chinesa. O Bem e o Mal são sentimentos de valor do âmbito humano que não podemos estender além. Para lá destes limites, o que ocorre não é atingido pelo nosso julgamento. Não se pode aprender a divindade com tributos humanos. Onde ficaria, aliás, o *temor de Deus*, se só pudéssemos esperar do Deus o "bem", isto é, aquilo que nos parece ser "bom"? A condenação eterna não corresponde muito à bondade tal como a entendemos! Embora o Bem e o Mal sejam permanentes como valores morais, precisam, entretanto, passar por uma revisão psicológica: muita coisa que pelos seus efeitos nos parece fundamentalmente má não provém absolutamente de uma malícia humana correspondente, mas de uma ignorância profunda e de uma falta de senso de responsabilidade. É por isso que chamamos de Bem o que muitas vezes produz os mesmos efeitos que o Mal. Basta pensarmos nas devastadoras consequências da proibição americana de fabricar e

291

vender álcool, ou nos cem mil autos de fé da Espanha, que partiram de um louvável zelo pela salvação das almas. Uma das raízes mais fortes do Mal é a inconsciência e é por isto que eu tanto gostaria de que o *Logion* [dito] de Jesus, já mencionado: "Se sabes o que fazes, és feliz; se não sabes, és maldito", se encontrasse ainda no Evangelho, ainda que só se ache registrado uma vez. Gostaria de antepô-lo como epígrafe a uma renovação moral.

292   O desenrolar do processo de individuação começa em geral com uma tomada de consciência da "sombra", isto é, de uma componente da personalidade que, ordinariamente, apresenta sintomas negativos. Nesta personalidade inferior está contido aquilo que não se enquadra ou não se ajusta sempre às leis e regras da vida consciente. Ela é constituída pela "desobediência" e por isso é rejeitada não só por motivos de ordem moral, mas também por razões de conveniência. Uma cuidadosa investigação mostra-nos que aí se acha, entre outras coisas, pelo menos uma função que deve cooperar na orientação psicológica consciente. Ela coopera, não movida por objetivos conscientes, mas por tendências inconscientes, cuja finalidade é de natureza diversa. Refiro-me à quarta função, dita função de valor secundário, que é autônoma em relação à consciência e se acha a serviço de objetivos conscientes. É ela que está à base de todas as dissociações neuróticas e só pode ser integrada na consciência, quando os conteúdos inconscientes correspondentes se tornam simultaneamente conscientes. Mas esta integração só pode realizar-se e tornar-se proveitosa quando se reconhecem, de algum modo, e com o devido senso crítico, as tendências ligadas ao processo, tornando-se possível sua realização. Isto leva à desobediência e à rebelião, mas leva também à autonomia, sem a qual a individuação não é possível. Infelizmente a capacidade de querer outra coisa terá de ser real, se é que a ética tem um sentido. Quem se submete, *a priori*, à lei ou à expectativa geral, comporta-se como o homem da parábola, que enterrou o seu talento. O processo de individuação constitui uma tarefa sumamente penosa, em que há sempre um conflito de obrigações, cuja solução supõe que se esteja em condições de entender a vontade contrária como vontade de Deus. Não é com meras palavras, nem com autoilusões cômodas que se enfrenta o problema, porque as possibilidades destrutivas existem em demasia. O perigo quase inevitável consiste em ficar mer-

gulhado no conflito e, consequentemente, na dissociação neurótica. É aqui que intervém beneficamente o mito terapêutico, com sua ação libertadora, mesmo quando não encontremos qualquer vestígio de sua compreensão. É suficiente – como sempre foi – a presença vivamente sentida do arquétipo. Esta só falha quando a possibilidade de uma compreensão consciente parece exequível e não se concretiza. Em tais casos, é simplesmente deletério permanecer inconsciente, embora seja precisamente isto o que acontece hoje em dia, em ampla escala, na civilização cristã. Muito daquilo que a simbólica cristã ensinava está perdido para um imenso número de pessoas, sem que hajam percebido aquilo que perderam. A cultura, por exemplo, não consiste no progresso como tal, nem na destruição insensata do passado, mas no desenvolvimento e no refinamento dos bens já adquiridos.

A religião é uma *terapêutica* "revelada por Deus". Suas ideias provêm de um conhecimento pré-consciente, que se expressa, sempre e por toda parte, através dos símbolos. Embora nossa inteligência não as apreenda, elas estão em ação porque nosso inconsciente as reconhece como expressão de fatos psíquicos de caráter universal. Por isso basta a fé, quando existe. Toda ampliação e fortalecimento da consciência racional, entretanto, leva-nos para longe da fonte dos símbolos. É a sua prepotência que impede a compreensão de tais símbolos. Tal é a situação que enfrentamos em nossos dias. Não se pode fazer a roda girar para trás, nem voltar a acreditar obstinadamente naquilo "que sabemos não existir". Mas bem poderíamos prestar atenção ao significado real dos símbolos. Isto nos permitiria não apenas conservar os tesouros incomparáveis da Cultura, como também abrir um novo caminho que nos devolveria às verdades antigas, as quais, por causa do caráter singular de sua simbólica, desapareceram de nossa "razão". Como pode um homem ser Filho de Deus e ter nascido de uma Virgem? Isto é como que uma bofetada em plena face. Entretanto, um Justino Mártir não mostrou a seus contemporâneos que eles atribuíam tais coisas a seus heróis, e com isto não encontrou audiência junto a eles? Isto aconteceu porque, para a consciência daquela época, tais símbolos não eram tão desconhecidos como para nós. Hoje em dia, esses dogmas encontram ouvidos moucos, pois já não existe mais nada que corresponda a tais afirmações. Mas se tomarmos essas coisas como são, isto é, como símbolos, teremos forço-

293

samente de admirar sua verdade profunda e declarar-nos gratos àquela Instituição que não somente as conservou, mas as desenvolveu através dos dogmas. Ao homem de hoje falta a capacidade de compreensão, que poderia ajudá-lo a crer.

Se ousamos aqui submeter antigos dogmas, que se nos tornaram estranhos a uma reflexão psicológica, não o fizemos com a pretensão de saber tudo melhor que os outros, mas sim movidos pela convicção de que é impossível que o dogma, pelo qual se combateu durante tantos séculos, seja uma fantasia oca e sem sentido. Para isso situei-me na linha de *consensus omnium* (consenso universal), isto é, de arquétipo. Foi somente isto que me possibilitou uma relação direta com o dogma. Como "verdade" metafísica ele me era inteiramente inacessível, e julgo lícito supor que eu não tenha sido o único ao qual isto aconteceu. O conhecimento dos fundamentos arquetípicos universais me animou a considerar o *quod semper, quod ubique, quod ab omnibus creditum est* como *fato psicológico* que ultrapassa o quadro da confissão de fé cristã, e tratá-lo simplesmente como *objeto das ciências físicas e naturais*, como um *fenômeno* puro e simples, qualquer que seja o significado "metafísico" que lhe tenha sido atribuído. Sei por experiência própria que este último aspecto jamais contribuiu, por pouco que fosse, para a minha fé ou para a minha compreensão. Ele não me dizia absolutamente nada. Entretanto, tive de reconhecer que o símbolo de fé possui uma verdade extraordinária pelo fato de ter sido considerado, durante dois milênios, por milhões e milhões de pessoas, como um enunciado válido daquelas coisas que não se podem ver com os olhos, nem tocar com as mãos. Este fato deve ser bem entendido, porque da "Metafísica" só conhecemos o produto humano, quando o carisma da fé, tão difícil de ser mantido, não afasta de nós toda dúvida e, consequentemente, liberta-nos de toda angustiosa investigação. É perigoso que tais verdades sejam tratadas unicamente como objeto de fé[3], pois onde há fé, ali também está presente a dúvida, e quanto mais direta e mais ingênua é a fé, tanto mais devastadoras são as ideias quando a primeira começa a eclipsar-se. Em tais ocasiões é que nos mostramos mais hábeis do que as cabeças

---

3. Penso aqui no ponto de vista protestante da *sola fide*.

enevoadas da tenebrosa Idade Média; e então acontece que a criança é despejada juntamente com a bacia em que foi lavada.

Apoiado nestas e noutras considerações de natureza semelhante é que mantenho sempre uma atitude de extrema cautela, ao abordar outros significados possíveis, ditos metafísicos, da linguagem arquetípica. Nada as impede de que eles cheguem afinal de contas até a base do mundo. Nós é que seremos tolos se não o percebermos. Assim pois não posso presumir que uma investigação do aspecto psicológico tenha esclarecido e resolvido definitivamente o problema dos conteúdos arquetípicos. Na melhor das hipóteses, o que fiz talvez não passe de uma tentativa mais ou menos bem ou mal sucedida de abrir um caminho que permita compreender um dos lados acessíveis do problema. Esperar mais seria uma temeridade. Se, pelo menos, conseguir manter viva a discussão, meu objetivo já se acha mais do que cumprido. Ou por outra, se o mundo viesse a perder de vista estes enunciados, estaria ameaçado de um terrível empobrecimento espiritual e psíquico.

295

Referências

AMBRÓSIO. *Explanatio symboli ad initiandos*. In: MIGNE, J.P. *Patr. Lat.*, T. 17, col. 1.193s. Paris: Migne.

ARISTÓTELES. (De coelo) Sobre o céu. In: *Die Lehrschriften*. Paderborn: [s.e.], 1958 [GOHLKE, P. (org.)].

BARTH, K. *Credo*; die Hauptprobleme der Dogmatik. 16 preleções. Munique: [s.e.], 1935.

BAUMGARTNER, M. *Die Philosophie des Alanus de Insulis*. In: BÄUMKER, C. & HERTLING, G.F. *Beiträge zur Geschichte der Philosophie des Mittelalters*. Vol. II, parte 4, Münster: [s.e.], 1896.

CASPARI, C.P. *Alte und neue Quellen zur Geschichte des Taufsymbols und der Glaubensregel*. Christiania (Oslo), 1879.

CLEMENTE DE ALEXANDRIA. Stromata. In: MIGNE. J.P. *Patr. Gr.*, T. 8, col. 685 até T. 9, col. 602. Paris: Migne.

CORNFORD, F.M. *Plato's Cosmology. The Timaeus of Plato*. Londres/Nova York: [s.e.], 1952.

EPIFÂNIO. Panarium, sive Arcula (contra octoginta haereses). In: MIGNE. *Patr. Gr.*, T. 41, col. 173 até T. 42, col. 852. Paris: Migne.

GOMPERZ, T. *Griechische Denker*. 3. ed. Leipzig: [s.e],1912.

GREGÓRIO DE NISSA. De Vita Beati Gregorii Miraculorum Opificio. In: MIGNE, J.P. *Patr. Gr.*, T. 46, col. 911s.

GRIFFITH, F.L. *A Collection of Hieroglyphs* (Archeological Survey of Egypt, 6th Memoir.). Londres: [s.e.], 1898.

HARNACK, A. *Lehrbuch der Dogmengeschichte*. 3 vols., 5. ed., Tübingen: [s.e.], 1931/1932.

HARPER, R.F. *The Code of Hammurabi*. Chicago: [s.e.], 1904.

HARRISON, J.E. *Themis.* Cambridge: [s.e.], 1912.

HEATH, T.L. *A History of Greek Mathematics.* 2 vols. Oxford: [s.e.]: 1921.

HENNECKE, E. *Neutestamentliche Apokryphen.* 2. ed. Tübingen: [s.e.], 1924.

IRENEU. Contra (adversus) heareses. In: MIGNE. J.P. *Patr. Gr.*, T. 7, col. 433s. Paris: Migne.

JACOBSOHN, H. Das Gespräch eines Lebensmüden mit seinem Ba. In: *Zeitlose Dokumente der Seele* (Estudos do C.G. Jung-Institut, 3). Zurique: [s.e.], 1952.

_____. Die dogmatische Stellung des Königs in der Theologie der alten Ägypter. In: *Agyptologische Forschungen.* SCHARFF, A. (org.). Parte 8, Glukstad, Hamburgo/Nova York, 1939.

JASTROW, M. *Die Religion Babyloniens und Assyriens.* Giessen: [s.e.], 1905-1912.

JEREMIAS, A. *Das alte Testament im Lichte des alten Orients.* 2 vols., Leipzig, 1906.

JUSTINO, M. Apologia secunda. In: MIGNE. J.P. *Patr. Gr.*, T. 6, col. 441s. Paris: Migne.

KESSLER, K. Mani. *Forschungen über die manichäische Religion.* Berlim: [s.e.], 1889.

KOEPGEN, G. *Die Gnosis des Christentums.* Salzburg: [s.e.], 1939.

KRÜGER, G. *Das Dogma von der Dreieinigkeit und Gottmenschheit in seiner geschichtlichen Entwicklung dargestellt* (Lebensfragen; Schriften und Reden, organizado por Heinrich Weinel). Tübingen: [s.e.], 1905.

LEISEGANG, H. *Denkformen.* Berlim: [s.e.], 1928.

_____. *Pneuma Hagion* Leipzig: [s.e], 1922 [Publicações do instituto de pesquisa sobre história comparada das religiões da Universidade de Leipzig, 4].

MACRÓBIO. *Commentarium in Somnium Scipionis.* Lugduni: [s.e.], 1556.

MIGNE, J.P. *Patrologiae cursus completus.* Series latina. Paris: Migne 1844, 1880, 221 volumes [aqui citado como Patr. Lat.].

_____. *Series graeca.* Paris, 1857-1866, 116 volumes [aqui citado como Patr. Gr.].

MORET, A. *Du caractère religieux de la royautè pharaonique* (Annales du Musée Guinet, Bibliothèque d'études, 15). Paris: [s.e], 1902.

NIELSEN, C.D. *Der dreieinige Gott in religionshistorischer Beleuchtung.* Kopenhagen, 1922-1942.

NORDEN, E. *Die Geburt des Kindes. Geschichte einer religiösen Idee.* Leipzig/Berlim: [s.e.], 1924 [Estudos da biblioteca de Warburg, 3].

ORIGENES. Contra Celsum. ln: MIGNE, J.P. *Patr. Gr.*, T. 11, col. 657s. Paris: Migne.

PLATÃO. *Timeu e Críton.* 2. ed., Leipzig: [s.e.], 1922. [Trad. de Otto Apelt (Philosophische Bibliothek, 179)].

_____. *Timeu e Críton.* The Thomas Taylor Translation. Bollingen Séries III, Nova York: [s.e.], 1944.

PREISIGKE, F. *Vom göttlichen Fluidum nach ägyptischer Anschauung.* Papyrusinstitut Heidelberg, Schrift 1. Berlim/Leipzig: [s.e.], 1920.

_____. *Die Gotteskraft der frühchristlíchen Zeit.* Papyrusinstitut Heidelberg, Schrift VI. Berlim/Leipzig: [s.e.], 1922.

PRZYWARA, E. *Deus semper maior.* Theologie der Exerzitien. 3 vols. Friburgo na Brisgóvia: [s.e.], 1938.

PSELLUS, M. De daemonibus. ln: *Iamblichus de mysteriis Aegyptiorum, Chaldaeorum, Assyriorum*, etc., Veneza: [s.e], 1497. [FICINUS, M. (org.)].

RAHNER, H. *Griechische Mythen in christlicher Deutung.* Zurique: [s.e], 1945.

ROSCHER, W.H. *Ausführliches Lexikon der griechischen u. römischen Mythologie.* 6 vols., Leipzig: [s.e.], 1884-1937.

SCHÄRF, R. Die Gestalt des Satans im Alten Testament. ln: C.G. JUNG. *Symbolik des Geistes.* 2. ed., Zurique: [s.e.], 1953.

SCHMIDT, C. *Pistis Sophia.* Leipzig: [s.e.], 1925.

SCHOPENHAUER, A. Über die vierfache Wurzel des Satzes vom zureichenden Grunde. ln: *Sämtliche Werke.* 6 vols. Leipzig: [s.e.], 1890-1891. [GRISEBACH, E. (org.)].

SCHULTZ, W. *Dokumente der Gnosis.* Jena: [s.e.], 1910.

SOSNOSKY, T. *Die rote Dreifaltigkeit:* Jakobiner u. Bolschewiken. Einsiedeln, 1931.

TAYLOR, F. Sherwood. *A Survey of Greek Alchemy* (Journal of Hellenistic Studies, L.). Londres: [s.e.], 1930.

TOMÁS DE AQUINO. *Summa Theologica*. Paris: [s.e.], 1868.

TONQUÉDEC, J. *Les Maladies nerveuses ou mentales et les manifestations diaboliques*. Paris: [s.e.], 1938.

WHITE, V. *God and the Unconscious*. Londres: [s.e.], 1952.

WIEDERKEHR, K. *Die leibliche Aufnahme der allerseligsten Jungfrau Maria in den Himmel*. Einsiedeln: [s.e.], 1927.

ZELLER, E. *Die Philosophie der Griechen*. 2. ed., Tübingen/Leipzig: [s.e], 1856-1868.

Índice analítico[*]

Abel 254[21]
Abstração 245
Adad (deus da tempestade) 173
À direita e à esquerda 132
Adversário 252
- no Timeu 290
- o quarto elemento como 139, 280
Agatodaemon 276
Água, na alquimia 276
Ahriman 256, 259
Ahuramazda 256, 262
Albedo, alvura, "branqueamento" 176
Alexandria 178
Alma dos bosques 198
Alma, como triângulo 246
- entre os primitivos 198
- como quadrado 246
- inconsciente e Trindade 242
Alma do mundo 187
- tríade constitutiva da 192
- totalidade da 290
- enferma 185
- mistura da 232
- quaternidade da 186[50]
Alquimia 184, 245[4]
- grega 263
- símbolos, simbologia da 276

Amarelo 281
Anima 197
- arquétipo da 240
Animal, animais, cachorro 176
- ovelha 229
- lobo 200
- mágico 230
- qualidades, propriedades animalescas da alma 245[3]
- símbolos espirituais teriomórficos do 276
- quatro 176
Anima mundi 263
Animus 276
Anjo decaído 290
Anthropos 276
- arquétipo do 202
Anticristo 178, 252, 257
Antimion pneuma 263
Antitrindade 226, 252
Anu 173
- e Bel como díade 174
Anzol de ouro 250
Apotropeísmo 222
Arconte, Arcônides 255
Arianismo 226
Áries, era de 174
Arquétipo(s) 178, 195, 292
- ativação do 223

---

[*] A numeração se refere aos parágrafos; os números em corpo menor, às notas.

- do antigo Egito 194
- conceito, definição do 222
- dos dois irmãos 254[21]
- dogmas como 294
- ser dominado pelo 223
- hipótese do 222
- numinosidade dos 222
- recepção do 210
- inevidência, incognoscibilidade do 222, 223
- conexões dos, na formação dos mitos 257

Ateísmo 285
Ateniense 264
Athanasianum (símbolo atanasiano) 171
Atman 231
Autoconhecimento, conhecimento de si mesmo 221, 271
Autonomia, independência 276, 292
Autosdefé 291
Ayik 200

Babilônia 172, 178, 194
Barbelo, barbeliotas 281
Batismo 207[2], 211
Bel 173
Bem e Mal 180, 247, 252, 267, 291
- para além do 258, 267
- relativização do 258
Binarius 180, 256, 262
Bola, esfera 276
Budismo 246
Bythos 216

Cabiros 243
Ca, Ca-mutef 177, 197, 222, 235
Caim e Abel 254[21]
Caos 260

- "filho do" 178
Católico, fé do 285
Celibato sacerdotal 197
Cidade 190
Ciência(s) 225
Círculo(s) 276
- dividido em quatro partes 246
- como símbolo do sofrimento de Deus 264
Cisão 180, 199, 245, 272
Cisma(s) 289
Civilização 292
Coliridianos 194
Compensação, compensações das disposições da consciência 223[4]
- da inconsciência 284
Complexos, autonomia dos 223, 242[16]
Comunismo 222
Conceito de Deus, relatividade do 279
Concílio do Latrão, quarto 290
Confissão dos pecados 285
Conflito de deveres 292
Conflito(s) 258, 260, 272
- ficar mergulhado no 292
Conhecimento de Deus 221
Conhecimento(s) 170, 240, 271
- o Espírito Santo 236
- e fé 272[32], 285
Consciência 272, 277
- libertação da, pela abstração da 245
- diferenciação da 245, 268
- alargamento da 238
- dúvidas da 259
Consciência e inconsciente 223, 233, 242, 274, 276
- separação entre 242, 280
- união (síntese) entre 285
Conteúdo(s) arquetípico(s), dignidade dos) 280

- que transcendem a consciência 277
- inconscientes 280, 292
- integração dos 280
Cordeiro 276
Cores, quatro 281
Corpo, e alma 185, 197, 198
Corrente de fótons 279
Criança 273
Cristianismo, influências egípcias e babilônicas no 178
- e imagem trinitária de Deus 283
- caracterizado pelo "Filho" 271
- primitivo 223
Cristo 276
- antepassados de 209[7]
- como arquétipo 226
- como Redentor, obra redentora de 203, 229, 254
- como totalidade 229
- e o Espírito Santo 212
- dos gnósticos 255
- como Homem-Deus 226
- como segundo e mais jovem Filho de Deus 249
- como herói 229
- como "isca no anzol" 250
- sofrimentos, paixão de 233
- como Logos 212, 229
- e o homem, relação entre 233
- como centro (meio), como mediador 232
- projeção e assimilação da figura de 228, 232
- e a sombra 245[4], 263
- e Satanás, e o diabo 249, 258, 263
- entre os malfeitores 272
- como símbolo 229
- como símbolo do si-mesmo 232
- impecabilidade de 263, 283
- como *transitus* 272

- como Pai, Filho e Espírito Santo 209
- humanização de 226, 239
Crítica 242

Demiurgo 186, 190, 255
Dependência infantil, vítima da 273
Desobediência 254, 292
Deus, divindade (cf. tb. Javé), como *actus purus* 289
- antinomia de 259
- e o Mal 291
- *Deus absconditus* 259, 289
- e os três 212
- trino 252
- o Uno e o três 180, 212
- como o Uno e o Indivisível 232
- eternidade de 228
- e o Espírito Santo 259, 263
- encarnação de 233, 248, 267, 290
- círculo como símbolo de 229
- mundo como sofrimento de 233, 250, 267
- luminoso 254, 267
- natureza bissexual de, bissexualidade de 259
- e o homem 239, 252, 289
- revelação de 180, 204, 238, 242
- redução de Deus à mera "psicologia" 242
- e Satanás, e diabo 248, 251, 290
- como *Summum Bonum* 252
- como Pai, como Pai e Filho 177
- e o quatro 250
- realidade de 289
Deuses, que morrem prematuramente e depois ressuscitam 272
- da Grécia 171
- como personificações 242

Diabo (v. tb. Satanás) 248
- como macaco, como sombra de Deus 263
- como Binarius 180
- como "contrapartida" de Cristo 248, 254
- e drama divino da redenção 252
- como "príncipe deste mundo" 250, 252, 255, 290
- como "Filho de Deus" 249
- e a Trindade, e quaternidade 249, 263
- como quarto componente 280, 290
- vontade contrária, capacidade de querer de maneira diversa, como característica particular do 252
Díade 197
Diana 194
Dionísio de Siracusa 184
Dioniso 204, 206
Directeur de conscience 285
Discriminação 272
Dissociação 280
- neurótica 274
- eliminação da 285
Dogma 222
- como arquétipo 294
- como "verdade" metafísica 294
- e alma 171
- compreensão adequada do 171
Dogma da Trindade 196
- história do 224
- psicologia do 169
Dois, dualidade 180, 257
Dualidade, número dois 256, 262
Dualismo, dos sistemas gnósticos 249, 279
- persa 254, 279
Dúvida 201, 204, 259, 294
- projeção da 170

Ea 173
Éfeso 194
Egito, teologia real no 197
- protótipo da Trindade no 177
Elementos, quatro 182
Elias, arrebatamento de 151
Energia 279
- proveniente da tensão dos contrários 291
Era dos peixes 257
Escolástica 227, 286
Especulação (grega) em torno dos números 179
Espírito, intelecto, mente (v. tb. Nous e Pneuma), liberdade do 264
- e matéria 185, 252
- Diabo como 276
- transformação em 245
- "sopra onde quer" 289
Espírito Santo, autonomia do 160
- como conceito abstrato 236
- como equivalente de Cristo 204, 212
- como inspirador do dogma 222
- ser possuído pelo 234
- como reconciliação dos contrários 260, 277
- como sósia de Jesus 177
- como vida 197, 224, 236, 241
- e Logos 240
- como mãe 175, 236, 240
- revelação do, através do homem 267
- caráter paradoxal do 236
- como Paráclito 205, 235, 236
- personificação do 276
- como produto de uma reflexão 236, 241
- como criação (Orígenes) 214
- como terceira pessoa da Trindade 236
- ação do 222, 276

- geração pelo 197
Espiritualização 284, 286
Estado de adulto 273, 276
Éitica, sentido da 292
Eucaristia, artofágica 194
Eu, e Espírito Santo 276
- individuação como paixão do 233
- e o si-mesmo 253
Eva 262
Evangelho(s), pressupostos históricos e psicológicos do(s) 206
- caráter não-histórico dos 228
Evangelistas, quatro 229, 281
Êxtase, el 249[10]
Ezequiel, visão de 176

Fábulas, fabuloso 281
Faraó 177
Fatos concretos, psicológicos 294
Fé, como carisma 170, 285
- e pensamento 170
- símbolo e 280, 282
- e inteligência 280, 293
- conhecimento (ciência), conflito entre 210
Femme inspiratrice 240
Fenômenos psíquicos irracionais 223
Filho 271
- estado de conflito do 272, 276
- deuses-filhos, mortos prematuramente 272
- emancipação do 272
"Filho do Homem" 210
Filiação divina, condição de Filho de Deus 235, 265, 289
Filioque 218, 220, 289
Filosofia chinesa 291
Física 279
Fogo 276
- e terra 182, 185

Folclore 281
Formação dos símbolos, paradoxal, antinômica 277
Função, funções, diferenciada(s) 184, 245
- inferiores (menos diferenciadas) inconscientes 244, 292
-- autonomia das 244, 245, 292
-- recalque (repressão) das 244
Funções utilizadas pela consciência 184, 244
- de orientação 245, 281

Gayomard 202
Genitora de Deus, exclusão da 197
Gilgamesh 176
Girru(Gibil) 176
Gnose 202, 228, 272
- e gnosticismo 272[23]
- perda da 285
- teologia "gnóstica" 228
Gnosticismo 216, 263, 281
Gnóstico 255
Gregos, Grécia 179

Hamurábi 173
Henoc, arrebatamento, exaltação de 251[15]
Heresia 222, 262
Hermetismo 261
Herói, nascimento do 233
Hibil Ziva 173
Hipostasiação de uma qualidade (propriedade) 237
História da salvação, soteriologia (doutrina da salvação) 290
História dos dogmas 222
Homem, como ponte 263, 267
- liberdade, livre arbítrio do 261
- capacidade de querer o contrário por parte do 290, 292

- transformação do 233
- totalidade do 233, 242, 280
- e o Espírito Santo 234, 276, 291
- filiação divina, condição de Filho de Deus 235, 293
- sofredor e o Paráclito 260
- moderno e a "vivência mística" 274
- natural e civilizado 264
- e "sua sombra" 277
- autodivinização do 267
- transformação do 233
Homem-Deus 203, 228
- aparecimento do 222
Homem primitivo, homens primitivos, pensamento do 240
Homem primitivo (*Urmensch*) (cf. tb. Anthropos) 173
Homoiousia 195, 226, 289
Homoousia 177, 194, 209, 216, 222, 287
Hórus 177

Idade Média 191, 197, 294
- quaternidade na 281
Iconografia medieval 229
Iconologia da Idade Média 251
Ideia(s) súbita(s) 240, 244, 272
Igreja, e o Espírito Santo 289
- direção das consciências pela 273[35]
- católica 285
- - e influências egípcias 178
-e o Mal 248
Iluminismo 222, 227
Imagem de Deus, imagens de Deus (divinas) no Antigo Testamento 226
- antitrinitária 226
- em Platão 187
- e símbolo do si-mesmo 231, 237, 283, 289

Inconsciência, compensação da 285
Inconsciente 240
- cisão operada no 242
- análise do 238
- reconhecimento do 273, 292
- conteúdos arquetípicos do 280
- confrontação com o 285
- antinomia, caráter antitético do 277
- coletivo 184
-- como fonte de experiências numinosas 222
-- e pessoal 222
- estrutura do 280
- criador de símbolos 276
Índia 281
- quatro castas na 246
Individuação 233, 252
Indivíduo, totalidade do 232
Inflação 267
Iniciação, iniciações 245
Iniciações masculinas 197
Inspiração, inspirações 240. 272
Instância extraconsciente 222, 240
Instinto, emancipação em relação ao 245
Intelecto 222, 235[10], 245
Inteligência 267, 285
- sabedoria e amor 221
Intuição 245
Irmãos, arquétipo dos dois 254[21]
Islão, islamismo 223
Ishtar 175
Ísis 178
Israel e o mito de Marduk 173

Jacó e Esaú, luta de 233[8]
Jaldabaoth 255
Javé 193, 254[21], 259, 276
Jesus 177, 228. 231, 254
- historicidade de 228

- como primeiro homem autônomo (Koepgen) 271[31]
- Rabi Jesus 264
João (Evangelista) 194[1]
Jó, e o Diabo 248

Lapis philosophorum (cf. tb. Pedra) 278[39]
- quaternidade do 262
Lei, "liberdade em face da" 272
- sujeição à 292
Liberdade, do espírito 264
- em face da lei 273
Logicismo 227
Logos 193, 216[17], 254
Lua 173, 176
Lúcifer 248, 263. 290
Luz(es) 173
- *lumen luminum, lux lucis, lux moderna* 263

Mãe 240
- rejeição da 197
Mal (cf. tb. Bem e Mal) 176, 248
- libertação do 202
- integração do 232
- poder do 252
- como *privatio boni* 247
- e a quaternidade 247, 252
- relatividade do 291
- origem do 201, 256
- realidade do 248, 253
"Mal" *físico e moral* 248
Mana 198
Mandâ d'Hayyeê (Mandâ d'Hajjê) 173
Mandala(s) 229
Mandeus 173
Manes 173
Marduk 173, 176
Maria 177, 251

- como genitora de Deus 175[16], 194, 240
- e a lua 176[21]
Matéria, como certeza da ideia de Deus 252
Matéria, material, dos alquimistas 263
Mediator, mediador, Marduk como 173
Medicina, do antigo Egito 287
Medo dos fantasmas 200
- do inconsciente 274
Melancolia 242[16]
"Mensagem" cristã 222, 228, 231, 234
Mercúrio 276
Metafísica 294
- e psicologia 289
Migração, e tradição 194
Missa 285
Mito(s), formação do 257
- significação psicoterapêutica dos 286, 290, 292
Mitologema 287
- caráter arquetípico do 178, 195[4]
Mistérios, extinção e renovação dos 206
Místicas, experiências 274
Mistura 188, 191, 280
Monoceronte 259
Monoteísmo 249, 279
Moral 285
- renovada 291
-- distinções: virtudes morais e espirituais 289
-- decisão 271, 272
-- julgamento 247
Mundo, redenção do 290
- realidade do 264, 290

Nabucodonosor 173
Nacional-socialismo 275
Nascimento, costumes observados por ocasião do 287
- do herói 229, 233
- virginal, tema do 293
- da criança divina (no Egito) 177
Natureza, e espírito 261
- e quaternidade 261
Nimrod 176[22]
Nous 216[17], 221, 276
Números pares, aspecto dos 262
Numinosidade, experiência numinosa íntima 222, 274

Objeto precioso difícil de ser alcançado 230
Obra da criação 290
- em Platão 187
- imperfeição da 201
- pressupostos da 252
Obra divina da redenção 290
Obsessão 242
Octógono 276
Oito, número oito, ogdóada, o oitavo no *Fausto* 244
Oposição, oposições, oposto(s), antítese(s), pares opostos 272
- exacerbação dos 272
- reconciliação dos 260
- pares contrários 247
- tensão dos 180, 291
- unificação dos 181, 190
- *complexio oppositorum* 277
Orgulho, como pseudo-reação 275
Ormuzd 259
Ouro 276
"Outro", no *Timeu* 179, 186
- como o quarto elemento 188
Oxford Movement 275

Pai, como energia 279
- como o Uno 199, 203
- identificação com o 271, 276
- como "criador" e *auctor rerum* 199, 272, 279
-- e filho 177, 204, 241, 272
-- no Egito 177, 222
-- em solo babilônico 173
-- significado do 271, 276
-- e Espírito Santo 194, 234, 239, 289
-- e mãe 235
-- e diabo 254
--- e espírito 259
-- igualdade de substância, consubstancialidade do 177
Palestina 178
Paráclito 260, 267
- doutrina a respeito do 172
Parapsicologia 242[16]
Parricídio 271
Pattern of behaviour (esquema de comportamento) 222
Patriarcado 223
Paulo 170, 212, 228, 289
Pecado 232
- não querido por Deus 248
- original 248, 252, 263
Pedra (cf. tb. *Lapis*) 276
Pensamento, como função superior 184, 244
- primitivo 240
- quaternário 246
- trinitário 242, 246, 258, 261, 264
- bidimensional 184
Pentecostes, relato de 276
Pequeno Polegar 281
Personalidade, totalidade da 281
- cisão da 245
Pesquisadores da Bíblia, os mais sérios 275

Pitagóricos 263
- interpretação dos números segundo os 181
Pneuma 221, 240, 276
Pomba, do Espírito Santo 276
- santa 236[11]
Pôncio Pilatos 211, 217
Ponte 272
Ponto de ligação, intermediário 182, 185, 232
Pontos cardeais (regiões celestes), quatro 246
Privatio boni 185
Processo de individuação 281, 292
Processo de tornar-se si-mesmo 233
Processo de transformação 289
- religioso 244
Proibição 291
Projeção, projeções 230, 268
- metafísicas 272
Proporção geométrica 181
Protestantismo e catolicismo 285
- ponto de vista do *sola fide* no 2943
Psicologia 289
- e metafísica 273[34]
- "medieval" 284
- e teologia 280, 285
Psicologia das massas, fenômeno da 275
Psicoterapeuta 285
Psique, consciente e inconsciente 230
- processo de transformação da 289
Puramente pensado 197
Purusha 202

Quadrado 276
Quaternidade 190, 263, 290
- como arquétipo universal 246
- psicologia da 268
- dos pitagóricos 261
- como símbolo do si-mesmo 281
Quaternidade, ideia de uma 243
- em Pitágoras 246
Quatro, quarto elemento, quarto termo (cf. tb. Quaternidade) 229, 264, 280, 290
- no *Fausto* 243, 246, 263
- em Platão 192, 251
- problema do 243, 261, 268
- pontos cardeais, regiões celestes 246
- cachorros 176
Quicunce 189

Racionalismo 274
- e irracionalismo 245
- e símbolo 280, 293
Razão raciocinante 227, 272, 293
- e realidade 188
Realidade corpórea e o puramente imaginado 182, 188, 280
- psíquica 233
Recalque, repressão 244, 286
Recepção, fenômenos de 154, 265
Recipiente, vaso, receptáculo 230
Redenção, libertação 241
Redentor, arquétipo do 202
- Marduk como 173
Redondo 246
Reflexão 260, 272
- como processo de reconciliação 236
Reforma 289
Religião, como "terapêutica revelada" 293
- primitiva 245
Renascimento, novo nascimento 197, 245
Renovação, ritos de renovação 206, 244
Representações, concepções de Deus 242

Représentations collectives 171, 285
Revelação, revelações 237
Rito(s), significado terapêutico do(s) 287
- romano 242[16]
Ruah Elohim 240

Sacrifício da autonomia 273
Sameness (Cornford) 186, 191
"Santidade" 225
Sapientia 240
- *Dei* 221, 263
Sarpânitu 176
Satã, caráter tricefálico de 252
Satanael 249
Sensação 245
Sentido, senso 271
Sentimento, como função inferior 184, 245
Serpente, no Paraíso 291
- *quadricornutus serpens* 262
Shamash 173
Simbologia cristã 174[13], 257
Símbolo(s) 280
- cristãos 170
- empíricos 282
- numéricos 282
- caráter paradoxal dos 282
- efeitos dos 216
Símbolos geométricos 284
- na alquimia 276
Símbolos teriomórficos do Espírito 177, 232, 263, 272, 276
Simesmo 276
- arquétipo do 231
- como *complexio, unio oppositorum* 283
- como totalidade 232
- símbolos do 276, 281, 289
- caráter do simesmo não diretamente acessível à observação 230

- como realidade psíquica 233
Sin (lua) 173
Sincronicidade, astrol. 257
Sociedade, ordem social 222
Sofia 175[15], 193
Sofrimento, por causa da antinomia 291
- humano e divino 233
Sol, *umbra solis* 245[4]
Sol, alado no Egito 177
- do meio-dia 173
Sombra 247, 286, 290
- tomada de consciência da 292
- personalidade consciente e 245
Sonho(s) 238[13], 269
- arquetípico 222, 280
- símbolos da tríade e quaternidade nos 280, 285
- simbolismo da totalidade e de Deus nos 285
- temas, motivos numéricos nos 281
- redução dos sonhos a realidades banais 280
- tríades (cf. tb. Tríades de deuses, Trindade) 173, 193, 239
Sopro, respiração 197, 235
Sósia espiritual 177, 197
Symbolum, symbola 207
- *apostolicum* 211
- *athanasianum* 217
- *nicaenum* 215
- nicaeno-constantinopolitanum 217
- *tridentinum* 220
- de Gregório Taumaturgo 213

Tao, taoísmo 231
Temor de Deus 291
Teologia real egípcia 222
Tiamat 173

Tomada de consciência 238
Totalidade 264, 276, 281
- e quaternidade 246
- símbolos da 285
- e concretização (realização) da 233
"Transcendente" 210
Transferência 230
Transformação 272
Transitus 272
Três, tríade, número três 179
- como arquétipo 286
- e o Uno (*Timeu*) 186
- como puramente imaginado 184, 188, 197, 280, 286
- como esquema ordenado artificial 246
- sentido do 280
- nos sonhos 280
-- como compensação 284
- e o quatro 185
Tríades de deuses, no Egito 177, 194
- como arquétipo 173
- babilônicas 172
Triângulo equilátero e a Trindade 180
Trindade (*Dreieinigkeit*) 171, 177
- evolução da ideia da 268
- revelação da 290
- do *Timeu* 182, 280
Trindade (*Trinität*) 180, 196, 226
- arquétipo da 209, 224, 238, 280
- efeitos da ação do 281
- como processo de tomada de consciência 288, 290
- evolução da ideia da 219, 222
- como parte da "soteriologia" 280
- e homoousia 287

- latente 212
- metafísica da 171
- numinosidade da 224
- prefigurações da 172, 193, 207
- interpretação psicológica da 196
- como símbolo da 242, 287
- simbólica, simbologia, simbolismo da 280
- e tríade 239
- *umbra Trinitatis* 252
- e realidade empírica 280
Triságio 209

Uddushunamir 176
Unidade, origem dos números a partir da 179
- transformação da unidade em dualidade 242
Unilateralidade 286
Uno, um 199, 204, 290
- e o Outro (*Timeu*) 179

Vento(s) 197
Vênus 176
Verde, verdor (*viriditas*) 281
Vermelho 281
Vida do herói, atributos da 229
Virtude 291
Vontade, capacidade de querer o contrário 252, 290
- e a função inferior 245
Vontade de Deus, vontade contrária como 292
- e Lúcifer 290

Yang e Yin 291

CULTURAL

Administração
Antropologia
Biografias
Comunicação
Dinâmicas e Jogos
Ecologia e Meio Ambiente
Educação e Pedagogia
Filosofia
História
Letras e Literatura
Obras de referência
Política
Psicologia
Saúde e Nutrição
Serviço Social e Trabalho
Sociologia

CATEQUÉTICO PASTORAL

Catequese
Geral
Crisma
Primeira Eucaristia

Pastoral
Geral
Sacramental
Familiar
Social
Ensino Religioso Escolar

TEOLÓGICO ESPIRITUAL

Biografias
Devocionários
Espiritualidade e Mística
Espiritualidade Mariana
Franciscanismo
Autoconhecimento
Liturgia
Obras de referência
Sagrada Escritura e Livros Apócrifos

Teologia
Bíblica
Histórica
Prática
Sistemática

REVISTAS

Concilium
Estudos Bíblicos
Grande Sinal
REB (Revista Eclesiástica Brasileira)

VOZES NOBILIS

Uma linha editorial especial, com importantes autores, alto valor agregado e qualidade superior.

VOZES DE BOLSO

Obras clássicas de Ciências Humanas em formato de bolso.

PRODUTOS SAZONAIS

Folhinha do Sagrado Coração de Jesus
Calendário de mesa do Sagrado Coração de Jesus
Agenda do Sagrado Coração de Jesus
Almanaque Santo Antônio
Agendinha
Diário Vozes
Meditações para o dia a dia
Encontro diário com Deus
Guia Litúrgico

CADASTRE-SE
www.vozes.com.br

EDITORA VOZES LTDA.
Rua Frei Luís, 100 – Centro – Cep 25689-900 – Petrópolis, RJ
Tel.: (24) 2233-9000 – Fax: (24) 2231-4676 – E-mail: vendas@vozes.com.br

UNIDADES NO BRASIL: Belo Horizonte, MG – Brasília, DF – Campinas, SP – Cuiabá, MT
Curitiba, PR – Fortaleza, CE – Goiânia, GO – Juiz de Fora, MG
Manaus, AM – Petrópolis, RJ – Porto Alegre, RS – Recife, PE – Rio de Janeiro, RJ
Salvador, BA – São Paulo, SP